身の回りには奇跡がいっぱい！

一日一禅

禅に学ぶ
幸せの見つけ方

泰丘良玄 著

セルバ出版

はじめに

人は誰しも幸福に生きたいと願うもの。

けれども、長い人生では辛いことや悲しいことも沢山あり、私たちは幾度となくその苦しみに悩まされます。そしてそれがストレスに繋がり、憂鬱な一日を過ごすことも多々あります。

では、どうしたら私たちは幸せに生きることができるのでしょうか？

そもそも幸福とは何なのでしょうか？

私たちはなぜ生きているのでしょうか？

それを約２５００年前に真剣に考え、自分の身体で色々と試して、ついに閃《ひらめ》いて悟った人物が、仏教の創始者であるお釈迦さまであります。

そして、その教えは脈々と現代まで受け継がれ、仏教や禅の教えとして、今日まで私たちの日常に溶け込んできました。

仏教は、私たちがどう生きるべきかを示す教えであり、その中でも禅は、私たちが生きるうえでの心のあり方を丁寧に見つめていく教えであります。

それは決して机上の空論ではなく、実践することで得られる幸せへの道しるべ。

そんな仏教や禅の教えから、私たちが幸せに生きるための方法を、身近な出来事から感じていただければと思います。

禅の僧侶は必ず修行生活を経験しますが、その修行時代の同期に、一度こんなことを尋ねられたことがあります。

「なぁ玄さん（私の修行時代の名前）、奇跡を見たことがあるか？」

当時の私は25歳。当然奇跡なんて見たこともなく、そんな経験はないと何気なく答えました。

けれども、その質問がずっと胸に引っかかり、奇跡とはさぞ珍しいもので、そんな奇跡に出会えれば、人は幸せを感じられるだろうと漠然と考えておりました。

奇跡なんて特別なもの。

めったに訪れない出来事。

今の自分からはほど遠い存在。

だから、今の自分には関係のないもので、そもそもそんな奇跡に出会っていたら、自分はもっと特別な場所で、自由に生きているはずだと思っていました。

そんな折に、禅の様々な教えに出会い、色々な経験も経て、そもそも今ここに私が存在していること自体が奇跡であることに気づきました。

そしてその身近な奇跡に気づくことで、私たちは今この瞬間を幸せに生きることができることを確信することもできました。

僧侶である私自身も、色々なものに迷い、様々な誘惑に惑わされ、苦しいときも多々ありますが、そんなときこそ、仏教や禅の教えに幾度となく救われてきました。

本書では、誰しもが身近に起こり得ることをテーマに、様々な仏教や禅の教えから、私たちが身の回りの奇跡に気づくことで幸せに生きる方法を紹介します。

禅は、日常の中でその教えを実践していくことで、私たちが心安らかに生きるための智慧となります。そのため毎日続けられるように、一日に一テーマ（10分程度）だけでも読み進めていただければ、一日一善ならぬ「一日一禅」の実践ができる構成となっております。

ぜひとも一緒に禅の世界に触れていただき、新たな気づきを得ることで、幸せへの道を自らの力で切り開いていきましょう。

奇跡は別段遠くにあるものではなく、自分のすぐそばにあるもの。

そんな身近な奇跡に気づいていくことが、読者の皆様の幸せな日常に繋がることを信じて、本書を読み進めていただくことを願います。

令和2年1月

泰丘　良玄

身の回りには奇跡がいっぱい！　一日一禅　禅に学ぶ幸せの見つけ方　目次

第3章　出産・育児にまつわる奇跡

第4章　病気・ストレスにまつわる奇跡

第5章　日常にまつわる奇跡

第1章　ご縁にまつわる奇跡

1　いのちのつながり

●脈々と受け継がれるいのち

「私は何のために生きているのか?」

「人類はなぜ誕生したのか?」

自分のいのちの根源を探るのは、誰しも一度は経験があるのではないかと思います。思春期や学生時代、仕事や家事に追われる日々を過ごしている際にも、ふとそんなことが頭に浮かぶことがあります。

自分の意思で生まれてきた生き物はいません。自分が生まれたいと言って、この世に生を受けた人間もいません。

私たちは気がついたら生まれており、意識することなく成長し、そしてやがて予想できない死を迎えます。

そんないのちが脈々と受け継がれている。

その不思議ないのちの連鎖の意味を解明しようと、試行錯誤して様々な体験から閃いたのが、約2500年前にインドで実在したお釈迦さまという1人の人間であります。

そこから仏教は始まり、今では世界三大宗教の1つとして、私たちの生活に根づいているのです。

●奇跡の結晶

仏教の言葉に、「大海《たいかい》の一針《いっしん》」という教えがあります。

大いなる海原に、小さな針が一本だけ落とされて、その針を海の底から見つけるようなものが、私たちのいのちである。それ程このいのちが生きているということは、奇跡的な有難いことであるという教えです。

そしてこれはもちろん自分のいのちだけでなく、周りの人たち、強いては動植物等のすべてのいのちに対しても同様で、そんな奇跡が寄り集まってこの世界は成り立っているわけです。

あの波打つ大海に落ちた、たった1本の針を拾い上げる奇跡。その奇跡が脈々とつながり、そして受け継がれてきたのが、今を生きる私たちのいのちであるのです。

●赤ちゃんのエコー写真

妻が妊娠をしていた際に、お腹の中の赤ちゃんのエコー写真をよく見せてもらいました。

現代の医療技術は本当に凄いもので、赤ちゃんのエコー画像にも4Dと言われるものがあり、3次元で赤ちゃんの様子が確認できるとともに、そのときの赤ちゃんの心拍や胎内を動く音なども同時に聴くことができました。

赤ちゃんは受精卵から胎児となる過程で、人類の進化の道を辿るとも言われています。妊娠期間の各エコー写真からは、まさにその様子を窺《うかが》い知ることができました。

単細胞から多細胞へと変わり、初期は脊椎動物の原点である魚類のような形をしています。そこから尻尾のある爬虫類のような形状を経て、徐々に人類の形へと成っていきます。

ダーウィンの進化論を改めて思い出すのと同時に、人間のいのちが人類だけでなく、その先祖を辿れば魚類や同じ脊椎動物全般に及ぶことを実感しました。

それを思うと、同じ生き物のいのちが、他人事ではなくなるようにも感じました。

●いのちのバトン

そもそも私たちのいのちはどこからやって来て、どこへ向かっていくのでしょうか。

禅宗のお葬式では、人が亡くなった際に必ず戒名《かいみょう》を授けます。これは、死後において故人が仏さまと成るための新しい名前ですが、この戒名の文字の頭に必ず「新帰元《しんきげん》」と付けます。「新たに元へ帰る」という字が当てられるわけですが、要するに、人間の肉体が滅びた後は、新しい仏の名前を授かって、元いた所へ心新たに帰っていくというわけです。

いのちはバトンリレーのバトン。リレーで繋ぐあのバトンのように、ご先祖さまからいのちのバトンを授かり、そして次の世代へそのバトンを渡していくのが、私たちの使命です。

バトンを渡すのは、自分の子どもだけではなく、生きている間に関わった自分とご縁のあるすべての人たちに、そのバトンは授けることができます。

そして私たちはその使命を果たして、肉体が滅びた後は、人智を超えた永遠の存在へ新たに帰っていくのです。

生命の起源を辿ると、それは即ち海へと繋がります。水の惑星である地球の生命体は、すべてあの広い海から生じました。

そんな海を見るたびに、私は感動を覚えます。あの波の音を聞くと、不思議と心がほっと安らぎ、あの揺れる波を見ていると、何だか自分もその波となって優雅に揺れているような一体感も感じます。

人間も生命体の1つである以上、その元である海には、自ずと懐かしさを感じるように思います。いのちの海から生まれて、そしていのちの海へと帰っていく。その過程で、私たちは人間という肉体を授かり、世の中を少しの期間だけ生かさせていただいている。そんなことを、我が子のエコー写真から改めて感じた妻との妊娠生活でした。

●「私」という枠組みを外す

アニメ『アンパンマン』の作者であるやなせたかし氏は、童謡『手のひらを太陽に』の歌詞において、次のように表現しています。

ぼくらはみんな生きている　生きているから歌うんだ
ぼくらはみんな生きている　生きているからかなしいんだ

手のひらを太陽に　すかしてみれば　まっかに流れる　ぼくの血潮
ミミズだって　オケラだって　アメンボだって
みんな　みんな生きているんだ　友だちなんだ
（中略）
トンボだって　カエルだって　ミツバチだって
みんな　みんな生きているんだ　友だちなんだ
（中略）
スズメだって　イナゴだって　カゲロウだって
みんな　みんな生きているんだ　友だちなんだ
（やなせたかし『手のひらを太陽に』）

私たちはこの世に生を受けてから、絶えずこの身体の中を生命の血が流れ続けています。その血潮は、先祖代々の人間のみならず、脊椎動物における進化の過程での生き物や、今現在の私たちを取り巻くすべてのいのちの結晶であります。

他と区別する「私」という枠組みをどうしてもつくりたがるのが、私たち人間の性ですが、その枠組みを取っ払ってみる。自分と他人との境界を消し去ってみる。

最近では「リフレーミング」とも言われますが、自分という枠組みを取っ払ってみることで、私たちは自ずと自他ともに幸せに生きることができるのではないでしょうか。

枠組みを外したら、そこはもう1つの世界です。

あなたも私と同じいのち。それに気づくことができれば、自ずと私だけよければいいという「わがまま」な考え方は取っ払われるはずです。

●生きていることの痛み

ある和尚さんが坐禅会の際に、警策《けいさく》と呼ばれる木の棒で参加者の背中をピシっと打ちました。その参加者が「とても痛かった」と感想を述べた後に、一言返します。

「それが生きているということです」

痛み、苦しみがあるからこそ、私たちは自分のいのちを感じることができるのです。

生きているから歌い、生きているから悲しいとは、まさにその悲しみの中に生きる意味が含まれていることを教えてくれます。

そして同時に、辛さや悲しみを感じているのは自分だけでなく、同じように周りのみんなも感じていることでもあるのです。

そんないのちが、縦にも横にも脈々とつながっている。そしてそのつながりがいのちが生きているということ。

だからこそ、このつながりを絶やさないために、そしてその受け継がれた思いに応えるために、「ただ生きる」「生きねば」ということが、私たちが生きることの大きな意味となるのです。

2　ご縁に生きる

●仏教はご縁の宗教

「ご縁ですね」

出会いの際などによく使われる日本語表現で、とても心が温まる言葉のように思います。

あなたと出会えたのは私の力ではなく誰かの差し金でもなく、何かのご縁によって導かれたものである。

そんな大いなる存在、自分の力の及ぶ範囲の外で働く何かによって支えられていることを感じさせる、日本人らしい謙遜の心も込もった美しい日本語であります。

仏教は「ご縁の宗教」である。

学生時代に習った言葉ですが、当時はあまり腑に落ちていませんでした。

原因となる種子は、ご縁と呼ばれる土壌や雨風、そして太陽等の恵みを受けて、その結果として綺麗な花を咲かせます。物事には必ず原因があり、すべての事象は因果関係によって成り立っています。そんな因果の世界をお釈迦さまは説きました。

私もその教えを信じる身として、このご縁についてよく考えることが多いのですが、現実は右往左往とよく彷徨っております。

●晴天《せいてん》の霹靂《へきれき》

ちょうど5年前の9月、ブログに1通のメールが届きました。

禅の修行道場を出て、自坊に帰り副住職となった後、学生時代に情報工学を専攻していたことから、仏教や禅に親しみを感じてほしい思いで始めた何気ないブログ。徒然なるままに書き続け4年が経った頃の突然の出来事で、まさに青天の霹靂でした。

書いてあったのは「テレビに出てもらえませんか?」

何とも唐突な内容で、画面を前にパソコンではなく、私がフリーズしていました。

初見の印象は新手の詐欺。そのまま信じて東京に出向いたら暗い部屋に通され、怖い勧誘でも受けるのではないか…。

そんな妄想を描いていたわけですが、番組のDVDを送っていただき私の霧は晴れていきました。

●テレビ番組への出演

最初にお世話になったその番組が、テレビ朝日系列で全国放送もされた『ぶっちゃけ寺』。

奇抜なタイトルでしたが、内容は仏教の教えやお寺の魅力、参拝の作法や僧侶の生活等を楽しく伝えるバラエティ番組で、何よりスタッフの方々の仏教に対する真摯な姿勢に感銘を受けました。

番組当初からレギュラー放送が一旦終わるまでの約2年半。本当に様々なご縁をいただきました。

もちろん最初は大苦戦しました。

収録の際は冷や汗をかき続け、発した言葉の着地点を見失い、カメラが視界に入れば自分の見え方が気になって仕様がなく、挙動不審の怪しい動き。黒衣の姿で登山をしたり、雪山をスノーシューズで分け入ったり、真冬に滝行をしたり、何故か半裸姿で温泉に浸かったり。愛知から沖縄まで足を運び一日中駆け巡った挙句に、お蔵入りとなって日の目を浴びないＶＴＲもありました。

●番組出演で得られたもの

色々と批判も受けましたし、誹謗中傷もなかったと言えば嘘になります。けれども嬉しいことも沢山あり、ロケでは普段は立ち入れない特別な場所を参拝させてもらえたり、他宗派の教えや作法を知ることができたり、嫌でも各回のテーマについて勉強せざるを得なかったため、知識も養えました。

宗派を問わず多くの僧侶やプロフェッショナルな方々との繋がりも増えました。

そして何より有難かったのは、番組のスタッフの方々が仏教に詳しくなり、さらには好きになってくれたことでした。何も知らずにただ番組のために仏教を学び始めた人たちが、いつの間にか僧侶よりも仏教やお寺に詳しくなり、その教えに救われたと聞いたときは布教冥利に尽きました。

●無限大に広がるご縁

テレビ出演のおかげでブログ読者も増え、それをきっかけにお寺巡りにハマり、ホトケ女子となった方や、遠方から自坊まで参拝や坐禅会にも来てくれたこともありました。

そんな多くの人たちとの新たな仏縁が育まれたことが、辛いことや苦い経験も色々ありましたが、番組出演への私のモチベーションを保ってくれました。

ご縁というものは本当に不思議なもので、新しいご縁がまた新たなご縁を運んでくれます。

その後は、他のテレビ番組への出演や出版、さらには講演会や様々な企業様への坐禅研修の機会など、1つのご縁によって、多くの新しいご縁をいただきました。

そして、その新たなご縁によって、私自身も多くの幸せを見つけることができました。

●毎日は好《よ》い一日

ご縁はいただくもの。

縁というのは空から降ってくるようなものだから、自分で選ぶなんてことはおこがましく、どんな縁であろうとも、いただいたその縁に感謝して生きなさい。

先輩から教えられた言葉ですが、ブログや『ぶっちゃけ寺』、それ以後に続く他のテレビ番組にご縁をいただく度に、自身に言い聞かせている教えであります。

ご縁というと新たな出会いや嬉しい場面、己への賞賛など自分に都合のよいことばかりを考えてしまいがちですが、別れや失敗、己への批判であってもすべてご縁に違いはありません。

そもそも縁によい悪いはなく、それを決めつけるのは自分都合というフィルターを挟んでしまうからであります。

すべてはただ「ご縁」に変わりない。これを禅では「日日是好日《にちにちこれこうにち》」と言い、「好」というのは自分都合の好し悪しでなく、「ただそこにある＝好い」であり、だからこそすべてはかけがえのない好い一日に変わりないと説きます。

そのため、1つひとつのご縁をありのままに受け入れ、そしてそのご縁に有難く生きることの大切さを、私自身もメディアとのご縁で教えていただいたように思います。

●ご縁の好し悪しは誰もわからない

「人間万事塞翁が馬《じんかんばんじさいおううま》」という諺があります。

昔、中国に住む占いの巧みな老人の馬が逃げてしまい、人々が気の毒がると、老人は「そのうちに福が来る」と言います。やがて、その馬は駿馬を連れて戻ってきて、人々が祝うと、今度は「これは不幸の元になるだろう」と言います。

すると駿馬に乗った老人の息子が落馬し、足の骨を折ってしまいます。

今度は人々がそれを見舞うと、老人は「これが幸福の元になるだろう」と言います。

一年後、隣国が攻めてきて戦争となり、若者はほとんどが戦死してしまいましたが、足を折った老人の息子は、兵役を免れたため戦死しなくて済んだという故事であります。

ご縁が自分にとってどう転ぶかなどは、やはりわからないものなのです。

●ご縁を活かすも殺すも自分次第

秀吉は主君である信長の履物を温めたことで、出世に繋がり太閤となりました。

そして、名もなき武士は別の主君に同じことをしましたが、履物の上に座っていたと侮辱され眉間を割られ、武士をやめさせられたという逸話もあります。

どちらも同じことをしているのに、その結果は正反対。

けれどもその後、名もなき武士は侍をやめて仏道修行に励み立派な僧侶となり、多くの人々の苦しみを救ったそうです。

因果もご縁もその時その状況に置いて様々ですが、その主人公の受け取り方とその後の歩み方によって、道は創られていくのだと教えられます。

そう言う私も相変わらず迷いの道中におりますが、一歩一歩が大切なご縁であることを噛み締めて、精進していかねばと思います。私のメディアとの奮闘もまだまだ続きますし、その道が果たして自身の幸せへと通じているのかどうかは、また自分次第であります。

そんなことを悩みながら、また一歩ずついただいたご縁を大切に、仏道を歩んでいきたいと思います。

ご縁はただそれだけで奇跡。

そんな有難いご縁に満たされているのが、私たちの日常の１つひとつの出来事であり、そのご縁に素直に生きることが、幸せへと繋がっているのです。

3　出会えたことの奇跡

●出会いの確率

人の出会いは摩訶不思議。あなたに出会えてよかったと心の底から思える瞬間もあれば、なぜこんな人と一緒になってしまったのだろうと思ってしまう後悔の瞬間もあります。

自分の人生においても、人との出会いや別れのことを考えると、中々きりがないように思います。例えば、現在の日本の人口は約1億2000万人ですが、この全員と自分が一生の内に出会うためには、平均寿命の約80年を生きるとすると、一日約4100人のペースで出会わないと達成することはできません。

結婚、出産、そして育児に限らず、学校や会社や地域の住人など、その相手と出会えていることが、この何千分の1人であると思えば、改めてその人との出会いは奇跡的なことであることがわかるように思います。

●一期一会の教え

一般的にもよく知られていますが、禅の言葉に「一期一会《いちごいちえ》」という教えがあります。座右の銘や掛け軸などでもよく見かけますが、元は茶道に通じる言葉です。

そのお茶会を一生に一度のものと心得て、お茶をもてなす主人も、そのお茶をいただく客人も、ともに誠心誠意を尽くしてその場に臨むことを意味します。

「一期」は仏教に由来する言葉でもあり、人が生まれてから死ぬまでの一生涯の期間を表します。

そのため、生涯にただ一度まみえること、一生に一度限りであることから、その機会を大切にしましょうという教えでもあります。

●お茶席での大失態

私も茶道を習っている身ですが、そのきっかけは何とも苦い経験でした。

あるとき1軒のお檀家さんの家へ訪れました。

私の祖父は茶道の先生を長年していたことから、お檀家さんにはその生徒様が多くいます。その家もその1軒で、非常に熱心な生徒様であったことを聞いていたので、私は内心少し嫌な予感がしていました。

案の定、仏間に通されると、その空間はまさにお茶の世界。ずらりと客人が並ぶ中で上座に通され、お菓子とお茶が運ばれてきました。それまで、お抹茶やお茶菓子だけをいただいたことはありましたが、茶道の作法は全くの初心者。色々と所作などに順番があることは知っていましたが、その知識は全くありません。

困った挙句に、隣のお檀家さんの親戚の方に尋ねると、その方も初心者で私に伝えます。

「和尚さんのするとおりにするから、よろしくお願いします」

そこからは、やることなすこと不恰好で、冷や汗をひたすら流しておりました。法事のお参りもあったので、あっという間のお茶会でしたが、本当に恥ずかしい思いをしました。

内心では、こんなことは事前に教えておいてほしいと文句を垂れていたように思います。

しかしながらそれがきっかけで、茶道を習うことを決断しました。祖父が茶道の先生であったことから、それまでは反発心を起こし何となく避けてきた道でしたが、私の属する臨済宗と茶道は切っても切れない関係のご縁があります。

日本にお茶を伝え、喫茶文化の原点を成すのは、日本に臨済宗を伝えた栄西《えいさい》禅師であり、京都の大本山大徳寺は、茶人の千利休やそのルーツにも繋がる一休禅師ともご縁の深い寺院であります。

それまで自然と避けていた道へ、私の背中をポンっと押してくれた出来事でした。

●茶道で知った仏像

それから茶道をはじめて2年近くが過ぎたあるお稽古の日、ふとお茶の間に通されると、そこには「一期一会」の文字が書かれた掛け軸がかかっていました。

独特な字体で、どことなく力強さもある字だと眺めていたら、先生が一言。

「これはあなたのお祖父さんにいただいた書ですよ」

孫ながら祖父の字を知らない自分も情けない話ですが、生徒である私に対する先生のお心遣いに自然と頭が下がりました。同時に、これほど「ご縁」というものを考えさせられた機会もありませんでした。

元を辿れば祖父のお弟子さんの家で恥をかいた経験からお茶を習うようになり、そこから巡り巡って茶道の先生に辿り着き、そこで改めて祖父の字から一期一会の意味を知る。

仏のご縁を仏縁とも言いますが、まさに仏さまのような自分以外の何か大きな存在によって、自分はご縁という大きな流れの中で生かされているということを感じた一期一会の掛け軸でした。

●別れることも大事なご縁

人と出会うこともご縁ですが、仏教では別れることもご縁であると説きます。

ご縁と聞くと「よい出会い」のイメージが強いですが、実は別れも立派なご縁なのです。そして、よい出会いや悪い出会いと思うのも、そもそも出会い自体にはよし悪しはなく、それは自分の都合によるよい悪いを勝手に分別しているだけであります。

さらに、そのときは都合が悪い出会いであっても、後々その出会いによって自分に都合がよくなることも沢山あります。私の茶道とのご縁がそうであったように、最初は恥をかく嫌な思い出であっても、後々その恥に感謝をするときが来ることもあります。

別れも同様で、人と別れることは確かに辛く悲しいことですが、その別れによって自分の人生が新たな方向へ向かうことも起こり得るのです。

●別れは根っこを伸ばすとき

「人生は出会いによって豊かになり、別れによって深くなる」

誰の言葉であったか定かではありませんが、私も常々自分に言い聞かせている教えです。

別れは自分の人生に深みを与えてくれる。そう思うと、愛する人やお世話になった人々との別れも、有難く感謝のできるご縁に変わってくるのではないでしょうか。

木の根は地上に見える枝葉と同じぐらい、地中深くに伸びていると言います。そして根っこがしっかりと地を深めているからこそ、風に吹かれても、雨にさらされても、そして大量の水が流れ込もうとも、木は力強くその場所で立ち続けることができます。

人生の別れも必ずや人間の力強さに繋がることを信じて、その別れに自分なりの意味を見出し、しっかりといのちの根っこを伸ばしていきたいものです。

●出会えたことの奇跡

あるテレビ番組で、爆笑問題の太田光さんと共演した際に「別れはなぜ訪れるのか?」という禅問答の問いに対して、次のような答えを返されました。

「その人と出会ったことの奇跡に気づくため」

そもそも2人が出会ったこと自体が、これだけ多くの人がいる世界では奇跡的なものであるから、それを別れの際に改めて気づくことが別れの意味ではないかとのことでした。

別れによって出会いの奇跡を自覚するというのは、そこに自ずとその人と出会えたことへの感謝の念も沸いてきます。

「別れという寂しさを感謝という有難い気持ちに転換する」というとても素敵な教えであると感じました。

●1つに生きる

日本の美しい文化の1つである「おもてなし」。

この言葉は、「もてなし」に「お」を付けた丁寧語でもありますが、もう1つ「表なし」という説もあります。

要するに、裏表がないということ。相手を想い気遣うには、裏も表もない気持ちで見返りのない気配りをする。それが日本のおもてなしの文化には含まれているように思います。

一期一会もこの「おもてなしの精神」が大切であり、「一」という文字には、表も裏もない「1つの心」という意味が含まれています。

主人と客人、私とあなた、そして裏と表という2つに分けて考えるのではなく、自分以外の他と一体となって物事に接する「一」の精神。

これこそ禅の伝える一期一会の一であり、私たちがご縁によって1つに生かされていることを自覚する大切な教えであるのです。

4　見返りを求めない美しさ

●人に情けをかける

「情けは人のためならず」と言いますが、私は恥ずかしながらこの意味を誤解していました。情けをかけるとその人のためにならず、その人の成長に繋がらないから、安易に情けをかけてはいけないという意味であると思い込んでいました。

しかしながら本来の意味は、「人に情けをかけておけば、それは巡り巡って自分によい報いとして返ってくるから、大いに情けをかけましょう」であります。

人に親切にすれば、必ずよい報いがある。そのため、人に情けをかけることをすすめるもので、私は全く逆の意味で認識をしていました。

●慈悲の教え

仏教でも、人に情けをかけることを大切にしており、「慈悲《じひ》」という言葉で表します。慈悲とは、慈《いつく》しみ悲しむこと。「抜苦与楽《ばっくよらく》」とも表され、その人の苦しみを抜いて、楽を与えることを意味します。

人を慈しむには、その人の悲しみに寄り添わなければなりません。

悲しむことは、相手と自分を分けて悲しむのではなく、相手とともに自分も一緒に悲しむということです。

まさに隣に寄り添い、その人と一体となって、その苦しみとともに歩むのが慈悲の心であります。

●布施《ふせ》と3つの綺麗な心

仏教の慈悲は、布施と共によく説かれます。布施とは「見返りを求めない無償の施し」のことで、相手に情けをかけて何かをしてあげた際に、その見返りを求めてしまうと布施とはなりません。

これを「三輪空寂《さんりんくうじゃく》」とも言いますが、要するに三輪とは、布施の際の「与える人」と「与えられる人」、そして「与えられる物」の3つを表し、これらがすべて空寂＝清浄でなければならないという教えです。

清浄とは、清くて汚れのないことで、きれいさっぱりとした清々しいものを指します。

例えば、誰かに物を与えたとしても、その物が盗品であれば清浄とは言えません。

誰かのために何かをしてあげたとしても、それが見返りを求めるような厭らしい心から生じていたら、それもまた空寂ではありません。さらには、何かをいただいた人が、その相手を妬んで嫌みを持っていたら、それもまた三輪空寂にはなりません。

慈悲の心の表れである布施には、与える側と受け取る側とその行為自体が、泥などによって汚れていない透き通った綺麗な水のように清々しくなくてはならないというのが、仏教の教えにあるわけであります。

●見返りを期待するからストレスが生じる

私も誰かに何かをしてあげた際などは、清浄になれていない場合がよくあります。人にプレゼントをしたときは、どことなくその見返りを期待してしまいます。

さらに、その見返りを期待外れに思ってしまったり、見返りがないと根に持ってしまうこともあります。年賀状や手紙を出すと、その返事を自然と待ってしまったり、頂き物には同等の物をお返しせねばとも考えてしまいます。

けれども、その心を辿ると、つまるところ自分の見栄や誇り、自分を大切にする奢りに繋がっているように思います。

自分中心に考える心があると、せっかくの綺麗で清浄な心も濁ってしまい、それがストレスの原因に繋がってしまうのです。

「受けた恩は石に刻み、与えた恩は水に流す」

自分がしてもらったことは、石に刻むように忘れず覚えておいて、自分が与えたものは水に流すようにすっかりと忘れてしまおうという教えです。

そうは言ってもそれを中々実践できない私たち。であるからこそ、この言葉とともに三輪空寂の布施から成る慈悲の心を大切にしたいものです。

●無償に生きるお檀家さん

私が幼少期からお世話になっているご近所さんに田中さん（仮名）という方がいました。

田中さんは、7年程前に亡くなり、それがご縁でお寺のお檀家さんになった方ですが、私が子どもの頃から、お寺の敷地内を熱心に掃除してくれていました。

おそらく30年以上掃除されていたと思います。だいたい毎朝2時間ぐらい、人知れずお寺にやってきて、いつも1人で黙々と、自分のペースで掃除をしていました。

いつもお世話になっていたことから、あるとき母が田中さんにお歳暮を持っていきました。せめてもの気持ちと渡そうとしたところ、あっさりと断られてしまったそうです。

「私はそういうものをもらうために、やっているのではない。だから受け取れません」

自分のご先祖さまのいるお寺でもなく、何かお礼を言われるためにやっているのではない。

その話を聞いたとき、田中さんのただ掃除をするという行為の中に、布施の三輪空寂の心を感じました。

さらに田中さんが亡くなった後に、喪主である奥様が言いました。

「あの人は、お寺を掃除していたから、元気にここまで生きられた。お寺の掃除は生き甲斐だったと思います」

田中さんは何の見返りも求めず、自身が正しいと思っていたことを、ただ行っていただけでした。

そしてそこに、生き甲斐も感じていました。

その田中さんの布施の精神は、時に掃除をしたくなくなる私の背中を、今でも一押ししてくれているように思います。

布施する人も、される人も、どちらにも喜びを与え、幸せにしてくれる。これがまさに慈悲の奇跡の力でもあるのです。

●誰しもにある仏の心

目の前で人が倒れれば、おそらく誰しも手を差し伸べるでしょう。身の回りの人が急に苦しみを訴えれば、大丈夫かと声をかけるのが私たちであります。

その心こそまさに慈悲の心であり、そこには誰かに評価されようとか、自分を格好よく見せようという計らいの心はありません。

私たちは誰しも、そういう清浄な心を持っており、これを仏教では「仏心」と言います。

今までどんなことをしてきたとしても、今この瞬間にその心は必ずあります。それを信じることから、仏教の道は開けてくるのです。

誰しもに必ず存在するのが、仏教の説く仏の心。この心を輝かせるか曇らせるかは、自分の行動次第なのです。

そして、布施の心の実践は、必ずやこの仏の心を輝かせることに繋がり、私たちが幸せに生きる術へと通じているのです。

●大仏歓進とクラウドファンディング

古より奈良の大仏に代表される大仏勧進は、多くの人の無償の力で大仏を建立することによって、見返りを求めず行動することで得られる喜びを多くの人に気づかせました。

近年では、クラウドファンディングと言って、誰かの夢を応援するために、寄付型であれば無償でその人に経済的支援を行うことで、その支援者の心も満たされるというシステムが確立されています。

そして何か大きな災害が起これば、多くのボランティアの方々がその地に結集し、募金活動にも協力者が多数生まれます。

この仕組みが成り立つ理由は１つ。

人に情けをかけることが自分の幸せに繋がるということを、私たちはその経験から自覚しているからではないでしょうか。

●いのちを使うと書いて使命

世のため、人のためは、自分のため。

であるからこそ、私たちは他のためにこのいのちを使うことで、自ずと自らの幸福を実現することができるのです。

もちろんそれは田中さんのように、見返りを意識しない心とともに。

5　恩を知り恩に報いる生き方

●新郎新婦の蔭にあるもの

先日友人の結婚式へ訪れた際に、新郎新婦の幸せそうな表情や晴れ姿に改めて心が癒されました。

そんな2人の素敵なご縁を見ていると、次の詩を思い出しました。

　花は枝によって支えられている
　枝は幹によって支えられている
　幹は根によって支えられている
　土に隠れて根は見ない　外からは何も見えない
　咲いた花見て喜ぶならば　育てた根本の恩を知れ

これは相田みつを氏の詩に、ある僧侶が最後の一行を追加したものだそうです。

高砂で幸せそうに座っている新郎新婦はまさに満開のお花です。

そして一番下手で挨拶周りをしながら腰を低くしているのが、その花を育てた根っこであるご両親です。

　綺麗に咲く新郎新婦の蔭には、ご両親のご苦労があります。それを忘れずに知っておくことが、恩に報いて生きる第一歩なのではないでしょうか。

●受けた恩に感謝する

私の属する臨済宗妙心寺派の本山は、京都の花園にある妙心寺。この地名のとおり、妙心寺をつくったのが花園法皇です。

当時は、鎌倉幕府の滅亡や朝廷が政権を握った建武の新政、南北朝の対立など動乱の絶えない日々でした。そんな中、法皇は幼少より仏教を学び、天皇を退位後の24歳で禅に目覚めて修行され、39歳でお悟りを開かれました。

そんな激動の時代に生きたことから、花園法皇は常に動乱混迷の世を憂い、仏教による平和を願って妙心寺を建立したのです。

その花園法皇の言葉に「報恩謝徳《ほうおんしゃとく》」があります。

恩に報い徳に謝する。これは即ち「受けた恵みや恩に対して、報いようと感謝の気持ちを持つこと」であります。

「恩」という字は「因」と「心」から成り立ちます。

物事の原因を知る心。様々な現象や物事、今の自分のルーツを知り、これを心にいただいてその有難さに気づくことが恩なのです。

物事の原因を知ることができれば、自ずと人はその恩に報いるための感謝の気持ちを持つことができ、その心は誰しも平等に必ずみんなが持っています。

そのために、禅ではまずこの恩を知るということをとても大切にしているのです。

●嵐の中で起きた出来事

『エルトゥール号遭難事件』という史実があります。

1890年、明治天皇への答礼のためトルコから約600名の使節団を乗せたエルトゥール号が来日しました。歓待を受けた使節団は、9月15日に帰途に就きますが、台風で海は大荒れ。船は流され和歌山県大島の岩礁に座礁し沈没します。乗員は海に投げ出され、数人が何とか岸に及び着き、怪我した体を引きずり必死に断崖をよじ登り、力尽きて倒れていました。

そこに偶然台風の様子を見回っていた大島の若者が来合せ、彼は異国人を見るのも初めてで言葉も通じませんが、目の前の瀕死の人を救わねばと一念を起こし、島民の協力も仰いで救出作業に移りました。村をあげての救助も始まり、台風の最中、島民は怪我人を背負って崖を登りトルコ人たちを必死に助けたそうです。

この事件は死者500人を超える大惨事でしたが、その中でも69名もの命が救われたのは、この大島の島民の奮闘があったからに他なりません。

●多くの人々を救った真心

大島の島民を突き動かしたものは何だったのか？

それは困っている人を助けねばという真心であり、これを仏教では「仏心」と言います。

初めて会った人であっても、言葉が通じなくても、怪我をして衰弱している目の前の人を助けようとする心。利益や見返りを求めるのでなく、ただその人の苦しみを除かねばと思う心が仏心で、その心が島民に宿っていたから、多くのトルコ人の命が救われたのです。

●奇跡の続き

さらにこの話には続きがあります。

それから95年後の１９８５年のイラン・イラク戦争の最中、フセイン大統領は48時間後からイラン領空を飛ぶすべての飛行機を撃墜すると宣言しました。このとき、この地域から脱出しようとイランの首都テヘランの空港には、２５０人の日本人が集まっていました。

大統領の突然の声明を受け、空港から飛び立つ航空機はなく、２５０人の日本人は取り残されてしまいます。日本政府は自衛隊機の派遣を検討しましたが、憲法に抵触するので難しく、民間航空会社に打診しますが、危険な所に操縦士や乗組員を出すのは渋ります。

万策尽きてテヘラン駐在の日本大使が、当時親交のあった日本駐在のトルコ大使に電話し相談したところ、トルコ大使の答えは二つ返事で、

「救出はトルコが引き受けます。エルトゥールル号の恩返しです」だったそうです。

すぐにこの旨はトルコ本国に伝えられ、トルコ航空の２機が救助に派遣されました。パイロットや乗務員は自ら志願したそうで、取り残された日本人を乗せた航空機がトルコ領空に入ったのは、タイムリミットぎりぎりでした。

救われた日本人は、なぜトルコが危険を承知で自分たちを助けたのかわかりませんが、乗組員にそれを聞くと返ってくる答えは「エルトゥールル号の恩返し」だったそうです。

紀伊半島の片隅で発揮された真心は、恩となってトルコ人の胸に刻まれ、世代を超えてその恩が引き継がれ、なんと95年後に報恩となって現れた国を跨いでの史実であります。

●生かされているいのち

私もトルコ人の知り合いがおり、この事件のことを聞くと、もちろん知っているとのことでした。日本とトルコは今も親睦の深い関係が続いていますが、この一因に大島の人とトルコ人のパイロットや乗務員の仏心が関わっていることは間違いないでしょう。

私自身もこの史実を知ったとき、改めてトルコに対する恩を感じ、困っている人がいたら助けねばという心も改めて感じました。

恩を知り、恩に報いる生き方。自分がお世話になった人の恩を知り、改めてその恩に感謝をする心が生まれる。それを続けていくことで自ずと人は幸せになれることを、新郎新婦とご両親の姿や、日本とトルコの歴史からも学ぶことができるように思います。

恩を知ることで、改めて多くのご縁に生かされている自分に気づく。

自分の原因を知っていくことで、奇跡は遥か彼方の遠い所にあるのではなく、今すぐこの瞬間に存在していることに気づくことができるのです。

第2章　仕事・勉強にまつわる奇跡

1　不安や緊張もそれでいい

●プレッシャーに押しつぶされそうになる

進路を決める受験や面接、大事なプロジェクトを決定づけるプレゼンテーションなど、大きなプレッシャーに押しつぶされそうになる瞬間は、人生で幾度となく訪れます。

僧侶の場合も説法や法話《ほうわ》と呼ばれる話の研修がありますが、私も自身の法話発表の前は本当に緊張します。

上手く話せるだろうか、内容が間違っていないだろうか、みんなは僕の話をどう思うのだろうか等、色々と頭をよぎります。

そして、そんな不安や緊張を抱えると、どうしてこんなことをしなければならないのか、なぜ自分はこの状況に陥っているのかと自己嫌悪にも陥ります。

私は人前で予想外のことが起こると、顔がすぐに赤くなるのですが、そうなるとさらにその赤い顔が嫌で、ますます顔が赤くなり不安や緊張を煽《あお》ってしまいます。それが私の悩みであり、もっと堂々としていたい、常に人前で平然を保ちたいと切に思います。

不安や緊張がなくなれば、さぞ楽になるであろう。そのために、人は自ずと不安や緊張を取り除こうと、試行錯誤するのではないでしょうか。

●平常な心のあり方

禅の言葉に「平常心是道《びょうじょうしんこれどう》」という教えがあります。

平常心とは、普段通りの平静な心を指しますが、禅では「びょうじょうしん」と読み、意味はもう少し深まります。

この言葉は、ある禅の僧侶である師匠と弟子の一対一の問答に由来します。

ある1人の僧侶が師匠に尋ねます。

「道とはどのようなものでしょうか？」

これは即ち、この人生という道において、何が一番大切であるのかを師匠に尋ねたもので、ずばり禅の悟りとは何かという究極の質問でもあります。

そしてそれに対して師匠が答えたのが、この「平常心是道」であり、普段の日常の心こそが道であると説いたのです。

●日常の心こそ奇跡の表れ

普段通りの平静な心こそ、私たちの生きる道で最も大切なものである。

おそらく質問をしたときの弟子の心境としては、何か特別な有難い教えやその方法を師匠に求めたのかと察します。しかしながら、師匠はそんな特別な何かが大切なのではなく、私たちの普段通りのこの心こそ最も尊く、奇跡的なものであると説いたわけです。

もちろん常日頃からどんな状況でも、平常心を保てられればそれに越したことはありません。しかしながら冒頭でも紹介したとおり、人生にはプレッシャーのかかる場面が必ず訪れます。平静な心を保とうとしても、中々そうはいかないのが人間です。

緊張をほぐす方法は、人それぞれかと思います。私の場合は、月並みではありますが、手に人文字を三度書いて大きく吸い込みますが、胸のドキドキはあまり直りません。

●平常心を保つとは

では、禅ではどのようにして平常心を保つのか?

それは即ち、厳しい修行で強靭な精神力を養い、どんなときでも不安や緊張を解いて平常心をつくっていくのではなく、不安や緊張のそのものが、そのまま私たちの平常な心であることに気づくことを大切にしているのです。

即ち平常心とは、不安や緊張、そして胸のドキドキそのものであり、その心を受け入れて歩んでいくことが、平常心のまま歩み続ける道であると説くわけです。

逆を言えば、そのドキドキがあるからこそ、私たちは自分の心が今ここにあることに気づけます。つまるところ、強引に平常になろうとするのではなく、不安や緊張を抱えた心こそ、そのときのあるがままの平常な心であり、その心のままに生きる道にこそ、私たちの幸せがあることを禅は教えているのです。

不安や緊張をしてもいい。その心こそ大事なのだから。

そう言われると、何だか少し心が救われるように思います。

●苦手な習い事

私は小中学生の頃に、エレクトーンを習ってしまました。

当時はピアノやエレクトーンの習い事と言えば女の子が多く、私の場合も3歳上の姉が習っていたことからの次いでから始まりました。

思春期の男の子にとっては、エレクトーンを習っていることを周囲に知られるのは気恥ずかしく、音楽も上手く楽しめないことから、この習い事が本当に嫌でした。

毎週土曜日の夕方にレッスンを受けていましたが、いつも課題に取り組むのはレッスン寸前のギリギリ。宿題もほとんど手をつけず、親や先生にはよく心配をかけました。

●エレクトーンの発表会

その中でも特に嫌だったのが、習っている生徒全員が参加する発表会でした。

市の文化ホールを貸し切り、多くの市民を招いて生徒の発表会を行うのですが、出場者はほとんど女の子で、男の私は珍しい存在でした。それが余計に重なり、私を不安や緊張のるつぼへと落としていきました。

毎回、発表会の日程が決まると、それまでの間は特に憂鬱になりました。

さらに発表会当日が近づくにつれて、上手く弾けるかどうか、失敗しないかどうかの不安の嵐。いざ当日を迎えると、入場の際に手と足が一緒に動くという画に描いたような緊張感を披露していました。

そんな私を見かねてか、よく先生が、

「泰丘くん、緊張したっていいんだよ」

と言ってくれていたのを覚えています。

当時はその真意が理解できず、緊張することの何がいいのかと反発心も抱いていましたが、今思えば、平常心の心得を伝えてくれていたように思います。

●緊張することも平常心

どうせ発表会が近づけば緊張はしますし、どんなに練習をしたってやはり不安になりますし、誰だって失敗をする可能性は必ずあります。であるならば、その場そのときを、その緊張することすらも楽しむ他ありません。

緊張を無理に解こうとするのではなくて、緊張している自分を受け入れていくことが、実は平常な心のあり方なのです。

緊張から失敗したっていいし、不安で手と足の動きが一緒だっていい。笑われたって、それがまた私の人生。そう考えられるようになると、自ずと心が少し楽になります。

緊張を受け入れるという言葉によって、最近においても私自身が緊張する場面でも、その緊張が少し和らいでいるように思います。

●緊張したっていいじゃない

緊張しない人なんていません。

不安を感じない人もいません。

ある研修を受けた際に講師の先生が、初対面同士で緊張している参加者のお互いの自己紹介の前に、こんなことをおっしゃりました。

「緊張しているのはよくわかります。けれども隣の人も、あなたと同じように緊張しています。だから、緊張していることを恥ずかしがらずに、大きな声で自己紹介をしましょう」

私も1人の参加者として、その言葉にとても救われました
緊張したっていい。

恥ずかしくて顔が赤くなったっていい。

それが逆に私が生きている証拠でもあるのだから。

緊張や不安を、そのまま今の私の心であると受け入れていく心。

そうすれば自ずと私たちは、人生の道を一歩ずつ、平常に前へ進んでいけるのです。

2　転ぶことに意味がある

●だるまさんがころんだ七転び八起き

「だるまさんがころんだ！」の言葉で有名なだるまさん。

祈願成就の縁起物として、願いが叶った際に目玉を入れる「だるま人形」のモデルは、禅を初めて中国に伝えたとされる達磨大師《だるまだいし》であります。

達磨大師は、今から約１５００年前に実在した禅の僧侶であり、ギョロッとした大きな目玉は禅の厳しさを象徴し、赤い衣を着ていたことからだるまさんも赤く塗られます。

同時に、丸いフォルムで手足が描かれないのは、厳しい修行の過程で約９年間も洞窟で坐禅を続けたことから、まさに手足がなくなるほど坐り続けたことに由来するものです。

そんな達磨大師の不撓不屈《ふとうふくつ》の精神に因んだのが「七転び八起き」の教えです。

だるま人形は、コロンと倒してもまたスルリと起き上がります。

要するに、七回転んでも八回起き上がるのがだるまさんであり、それに因んで祈願成就の縁起物として広く信仰を集めたわけです。

そしてこれはまさに私たちの人生にも当てはまり、転んでも立ち上がることの大切さを教えてくれます。

度重なる失敗や苦労にも屈せずに奮起することや、人生の浮き沈みがはなはだしいことのたとえとしても七転び八起きの言葉はよく使われます。そんな転んでも起き上がり続けるだるまさんの姿に、刺激を受けて勇気をもらう人も多いかと思います。

●転ばないと起き上がれない

この七転び八起きの教えは、どうしても起き上がることばかりが注目されがちですが、実は禅では「転ぶこともとても大切である」ことを教えます。

なぜなら、起き上がるためには転ばないことには起き上がることができません。逆を言えば、私たちは転ぶからこそ、起き上がるという経験ができるわけです。

人生において、おそらく自ら進んで転びたいと願う人はいないでしょう。しかしながら、どうしても転んでしまう瞬間もあるのが私たちの人生です。

転んでしまったときには、起き上がる力は誰しも必ず持ち合わせています。なぜなら、私たちは現に今ここにこうやって立って、息をして生きているのだから。転んできても立ち上がってきた自分が今ここにいるはずであります。

そうであるならば、転ぶことにもしっかりと意味があったわけです。強いては、転ぶことを恐れていては、何も成すことはできません。起き上がるのと同様に、転ぶことの大切さ、そしてその奇跡を教えてくれるのが、だるまさんの伝える七転び八起きの教えなのです。

●修行道場の炊事係

私も修行時代は、本当によく転びました。

禅の僧侶は修行道場という特殊な場所で、必ず修行生活を送らなければならないのですが、私は24歳から3年間を道場でお世話になりました。

修行生活は、それまでの常識が一切通用しません。学歴や職歴も一切不問で、修行道場に入門した順に序列が決まり、上下関係の厳しい世界です。

私は道場に入るまでは普通の学生生活を過ごしていたので、やはり苦労が絶えませんでした。その中でも一番の失敗として忘れられないのが、修行僧の食事をつくる炊事係をしていたときの出来事です。

道場には常時20名ほどの修行僧がおり、炊事係は毎食その食事をつくります。学生時代は一人暮らしをしていましたが、外食に頼っていたため、私はこの炊事係が本当に苦手でした。

案の定、私のつくる料理は毎回不味く、先輩からもよく苦言を呈されました。もう少し何とかしろ、もっと工夫をしろ、お前のつくる料理はいつも不味いと本当によく叱られました。

●炊事係での大転倒

そんな中、いつも通り食事の準備をしていると、先輩がセロリを譲ってくれました。

傷みの早いセロリを早速その日の食材に使うことにしたのですが、それまで私はセロリを食べたことがなく、食材として調理したことも一度もありませんでした。

結局、適当に切り刻んで、他の野菜と混ぜて炒めて出しました。

今思えば当たり前のことですが、セロリは下処理としてまず筋を取らねばなりません。けれども
そんなことは知らずに切り刻んだため、そのおかずは最悪な結果を生みました。

失敗は重なるもので、その日はさらに炊いた米を焦がしてしまい、焦げ臭いご飯と同時に、米を
洗った際に虫を除き切れず、何と虫も混じったご飯を出してしまったのです。

食事の最中は決して声を出してはいけないのですが、あまりの酷さに怒声が響きます。

「典座《てんぞ》（炊事係の呼び名）、今日の食事は出す前に確かめたのか！？」

半分あきれた様子で怒られ、私は犯してしまった失敗にうなだれて、頭を上げることができませんでした。

●やめたらそこで終わり

修行道場では、失敗をすると警策と呼ばれる木の棒で背中を打たれます。

その日の夜は仰向けでは寝られないほど背中を打たれ、もちろん背中の痛みも辛かったのですが、
何よりも自分の情けなさに絶望を感じ、修行道場を辞めようかと思ったほどでした。

すると修行時代の同期が私に一言諭しました。

「やめたらそこで終わりだよ。僕もよく叱られているから、今日は玄さん（私の修行時代の名前）

の番だったね」

みんな叱られているのは一緒でした。

同時に、その言葉に、だいぶ救われた気がしたのを覚えています。たしかに道場を逃げても行く当てもないので、気がついたら次の日もまた炊事係をしていました。

それからも色々と失敗は続きましたが、叱られながらも何とか炊事係の期間を終え、また次の役へと移っていきました。

もちろん別の役でも失敗を繰り返すのですが、修行道場という場所は、その都度叱られては、また次へと進んでいくしか道はありませんでした。

●失敗に留まらない

幸いにして修行道場は後腐れがありません。失敗したら背中を打たれて、それで一旦区切りとなります。

無論、失敗を忘れるわけではなく、反省して同じ過ちをしないよう努めるわけですが、いつまでもその失敗を根に持って引きずることは一切ありません。

失敗したら叱られて、そして次の日を迎えていく。そんな日々が繰り返し続いていくのが道場の日常でした。

そこには不思議と清々しさがあり、転んでは立ち上がり、さらにはまた転んでもそこに留まらず、ひたむきに歩いていくことの大切さも教えていただきました。

●真剣だから転ぶことができる

人はどういうときに転ぶのでしょうか？

例えば子どもたちの運動会を見ていると、徒競走やかけっこで走っている子どもが、ふと転んでしまうことがあります。

真剣に無我夢中で走っているから躓《つまづ》き、何かに引っかかった勢いで思いっきり転んでしまいます。その姿に周りの人たちは一瞬悲しみますが、すぐに起き上がってまた懸命に走り出す姿を今度は必死に応援します。

わざと転んでは、そうはいきませんし、転ぼうにも人は中々そう上手くは転べません。転んだようにに見せかけていては、オオカミ少年のようにいつか人は見向きをしてくれなくなります。

だからこそ、真剣に一所懸命に、一心不乱に頑張らないと、私たちは転ぶことすらできないのです。

転んだっていいじゃない。

だるまさんの七転び八起きは、成長に繋がる失敗の奇跡も教えてくれる有難い言葉なのです。

転ばない人生なんてあり得ません。

だからこそ転ぶことを恐れず、子どもたちのかけっこのように真剣に走ることで、私たちは幸せに生きることができるのです。

3　置かれた場所で花を咲かせる

●独りで立ち進んでいく力を育む

私の通った高校の校風は「自主自立の精神」でした。

自主とは、他からの干渉や保護を受けず独立して物事を行うこと。自立とは、他への従属から離れて独り立ちすること。

要するに、自分の力を信じて他人に頼ることなく、独りで立ち進んでいく力を育む精神を大切にしていました。

●置かれた場所で花を咲かせる

カトリック修道女でノートルダム清心学園の理事長も務めた渡辺和子氏が、２０１２年に著した『置かれた場所で咲きなさい』は、２００万部を超えるベストセラーとなりました。

私たちの身の回りで生きる草木は、花を咲かせる場所を選ぶことはできません。種が落ちた場所から動くことなく、その場に根を伸ばして一所懸命に成長して花を咲かせます。

置かれた場所で花を咲かせる。

花は置かれた場所で我儘を言うことなく、ただ生きるために一心に咲いているからこそ、私たちはその姿に感動を覚えるのではないでしょうか。

●どこへ行っても私の世界

禅の教えにも「随処《ずいしょ》に主《しゅ》となる」という言葉があります。

主とは主役やメインという意味ではなく、主体性を持って生きるということ。家庭や職場において、自分だけが身勝手に振る舞っては決してその組織はまとまりません。物事も上手く進まず、チームワークがなければスポーツでも勝てません。

各々が役割を自覚し、その場において自分の成すべきことを全うすることで、争うことなく物事が成就するのです。そしてそれが自らの幸せにも繋がります。

昭和時代に活躍された山田無文老師《やまだむもんろうし》は、随処に主となるという言葉に対して、次のように説きます。

「どこへ行ってもこれがわしの世界だと思えば、大事にせずにはおれん」（山田無文『臨済録』）

どこへ行っても、この世界は自分の家だと思えれば、その中に暮らしている人も家族や親族同様に皆大切にできるようになります。

随処に主となるとは決して自己中心的な生き方ではなく、逆に私利私欲を捨て無心となり、余念をまじえず精一杯に努めることの大切さを説いているのです。

●バレーボールの部活動

学生時代にそんな教えに触れていたとは露知らず、私の高校生活はあまり随処に主となれていませんでした。

その1つがバレーボールの部活動。

バレーボールはアタッカー5人とトスを挙げるセッター1人の6人で行うチームスポーツですが、試合で盛り上がるのは必ずアタックが決まったときで、花形はアタッカーです。

しかしながら私は背が低く、与えられたポジションはセッターでした。常に日の目を浴びるアタッカーと違い、セッターはやはり陰の存在。私はそれに不平不満を抱き、自分よがりにトスを挙げていました。

●自分よがりだったプレー

あるとき、それを監督が見抜いたのか、試合で酷く怒られたことを覚えています。

「お前は誰のためにトスを上げている。そんな見栄っ張りのわがままなトスなら試合に出るな」

今思えば監督は、私が周りの視線や評価ばかりを気にし、目立って格好よく見せるためにバレーをしていたことを見抜いていたのでしょう。

他人を基準にして物事を考え、見るもの聞くものに心を捉われ、セッターという役職に主体性を持って取り組んでいなかったことを叱ってくれたように思います。

誰しもが主役になりたいと思うのは人の性かもしれませんが、皆が我を主張していては、そこに幸せは訪れません。

私たちは様々な組織に属して生きねばならないからこそ、他人との境界をなくして、すべてが私の世界と思うことで、心安らかに生きることができるのではないでしょうか。

●一心に咲くから美しい

置かれた場所で咲かせる草木は、いのちの根を降ろす場所を選ばずとも、しっかりとその場で花を咲かせます。

それは自分よがりに生きるためでなく、純粋に一所懸命に生きる姿に他なりません。そしてその生き様に、私たちは心惹かれます。

明治から昭和を生き、小説家であり詩人であり画家でもあった武者小路実篤《むしゃのこうじさねあつ》氏は言います。

人見るもよし　人見ざるもよし　我は咲くなり　（武者小路実篤）

花は見られようと思って花を咲かせていません。花見通りで満開に咲かせる桜の木もあれば、人里離れた山奥で、誰にも知られずとも咲いている桜の木もあります。

だからと言ってどちらの桜の木も誇ることなく、また腐ることもなく、毎年変わらずありのままに咲きます。

美しく見せようとすると厭《いや》らしさが出ます。自分の功績を誇ろうとすると、一気につまらなくなり妬みも生じます。その場そのときに、ただあるがままにいのちを懸けて生きる。そこに清々しさに似た私たちの心地よい生き方が表れるのではないでしょうか。

●今この場所でできること

実は、随処に主となるの言葉は「随処に主となれば、立処皆な真《りっしょみなしん》なり」と続きます。

随処において主体性を持って生きることができれば、即ちその立っている処は真実となる。真実となれば、そこにはもう迷いはありません。

誰かと比較して学習していては、本当の学びにはなりません。他の職業と比較して働いていては、その仕事に打ち込めず達成感にも繋がりません。人の研究ばかり気にしていては、自分の研究に集中できません。

だからこそ、しっかりとその随処において、主体性を持って生きることが、私たちの幸せへと繋がると禅は教えます。

陶芸家の河井寛次郎氏の言葉に「井の中の蛙、天の青さを知る」というものがあります。

井の中の蛙は大海を知らずとも言われるとおり、井戸の中にいる蛙は、その狭い世界で暮らしている故に、馬鹿にされたり卑下したりとあまりよい意味では使われません。

しかしながら、そんな井戸の中の蛙でも、一点にのみ集中できることで天の青さを知ることができます。世界を股にかけて活躍するのも結構ですが、暗い井戸の中でじっとしていなくてはいけなくとも、志さえあれば空の青さや天の深さを極めることができるのです。

たとえ誰にでもできる仕事をしていたとしても、それを徹底的に極めれば、それが「自分の仕事」となります。だからこそ、自分の立っている今この場所においても、自分が輝ける瞬間は必ず訪れるはずなのです。

●ワンチームの精神

今年は夏季オリンピックが東京で開催されます。

チームスポーツの醍醐味は、何と言っても能力に差はあれ個々が本分を全うし、チームワークで強敵に向かう姿ではないでしょうか。

仲間と一心同体となって自らの務めを果たすことでチームは強くなり、その姿に観客は心を奮わせます。

そんな世界で輝くトッププレーヤーの如く、私たちも随処で自分を信じられる主人公となって、このいのちの灯を輝かせていきたいものです。

4　一歩一歩が道場となる

●夢を考え直す

人は常に成長したいと願うもの。自己成長こそ最大の喜びであるとも言いますが、子どもが赤ちゃんから大人に成長していく姿に喜びを感じる親や祖父母も多いように思います。

私も子を持つ親として、我が子の成長はとても楽しいものです。そんな子どもと将来の夢の話をしていると、子どもが自分の夢を一通り話した後に、ふと私に返します。

「じゃあ、パパの夢は何？」

今年で私も37歳を迎えるのですが、改めて自分の夢を問われてドキッとした瞬間でした。

お寺で生まれた身でありますが、私も子どもの頃は、パイロットになりたいとか、世界を巡りたいなど色々と夢を抱いていました。しかしながら大人になるにつれて現実を突きつけられ、自分の限界を知り、夢はいつの間にか縁遠い存在になりました。

けれども改めて自分の夢を考え直すと、未来に希望を抱くことができるようになり、自ずと明るい気分にもなりました。

夢を抱くのは決して子どもだけの特権ではないことを教えてもらいました。

いつしか忘れてしまった夢を持つことで、改めて幸せを感じることができるように思います。

●一歩一歩が道場となる

禅の言葉にも「歩歩是道場《ほほこれどうじょう》」という教えがあります。

一歩一歩が道場となるという意味ですが、なかなか実感は沸かないかもしれません。

道場というと特別な場所をイメージしてしまいがちですが、そうではなくて私たちの日常生活における1つひとつの行い、強いては一歩一歩と歩んでいるその歩みこそ、自分を育ててくれる立派な道場であることを教えてくれる言葉です。

仏教も深く学んだ坂村真民氏の詩に『こつこつ』というものがあります。

こつこつ　こつこつ　書いてゆこう
こつこつ　こつこつ　歩いてゆこう
こつこつ　こつこつ　掘ってゆこう

（『坂村真民一日一言』）

私たちはこの「こつこつ」が中々できません。途中で飽きてしまったり、地道な作業に耐えられなかったり、誰かと比較して嫌になってしまったり。

特に情報化社会が進んだ現代の環境においては、私たちはすぐに結果が得られる即効性に慣れ過ぎてしまい、すぐに自分の行ったことに対する成果が出ないことに耐えられなくなっているように思います。

言葉の意味を調べれば、インターネットですぐに結果が出る時代。欲しいものを買おうと思えば、ネット販売ですぐに家にまで届く便利な世の中です。

だからこそ現代を生きる私たちは、こつこつ行うことの大切さや、その過程で得られるものを見落としているように思います。

●草引きに学ぶ

お寺の仕事はお参りから書き物まで様々ですが、中でも大変なのがやはり掃除です。お堂や廊下の掃除はもちろんのこと、庭の掃除にやはりかなり時間を費やします。

私のいるお寺も駐車場を含めると境内地が広く、草が生える時期は、除草作業が大変です。草を引く際は身体をかがめるため腰痛にも繋がり、私はあまり草引きが好きではありません。

修行道場を出て今のお寺に戻ってきた当初、本当にこの草引きに対して、私は不平不満を漏らしていました。

何でこんなに草が生えるのだろう、全部取るまでにどれだけの時間がかかるのだ、草なんてぜんぶ焼いてしまいたい、と思っていたものです。

草を引いている最中は、常にイライラとしていました。

そんなときに、奈良の薬師寺の管主を務められた高田好胤師の法話集を聞いていると、こんなことをおっしゃっていました。

「草を引くというのは、自分の煩悩（迷い）を引くということだ」

草引きはイライラを起こすものではなくて、逆にそのイライラを引き抜くものだという発想に、改めてハッとさせられました。

●怠け心を掃除する

掃除というのは、自分の迷いを取り除くこと。

思えばこれだけ草が生えているというのは、それだけ自分が草引きの作業をサボっていたことの現れです。毎日こまめに草引きをしていれば、そんな状態にはなりません。まさに草の1本1本は、私の怠け心の1つひとつだったのです。

そんなことを思えば、草引きも案外悪くないものです。

草を1本引くごとに、私の心の迷いも1つ減っている。引けば引くほど、自分の成長にもつながっている。そう考えながら作業を進めると、もちろん腰も痛く辛いのに変わりはないのですが、自ずと草を引き続けることの苦しみが緩和されるように思いました。

●結果は後からついてくる

最近は、結果よければすべてよし。逆を言えば、結果が伴わなければそれまでの過程に意味がないといった風潮があるように感じます。

けれども、これは全くの誤解です。

結果は過程を経た後から、自ずと必ずついてくるもので、結果が伴わないこと自体はあり得ないことなのです。それがたとえ自分が予想していた結果でなかったとしても、何かしらの結果は必ず得ているはずなのです。

もちろん、仕事や勉強において、会社や学校の求める結果を得られない場合もあります。そのときは会社の事業や学校の成績で「失敗」のレッテルを張られます。

けれども、それは決して「人生の失敗」ではありません。

ある1つの側面において失敗しただけのことです。事業で成果が上がらなくても、成績で合格をもらえなくても、自分がそこまでに行った経過において、自分が成長を得ていることに間違いはありません。

判断の尺度を変えて、見方を変えれば、必ず自分は前の自分よりも進んでいるのです。

●「いつの間にか」に生きる

禅を世界にも広めた鈴木大拙師。

師が亡くなるまで住んでいた鎌倉の松ケ丘文庫に行くには130段の高い階段を上らなくてはいけなかったそうです。90歳を超えた先生が上る姿を見て新聞記者が心配をすると、先生は次のように返したそうです。

「一歩一歩上がれば何でもないぞ。一歩一歩努力すれば、いつの間にか高いところでも上がっている」
（『十万人が愛した言葉』致知出版社）

こつこつ歩めば、「いつの間にか」到達している。よそ見をせずに、自分の足下の一歩一歩を見つめて、無心になって歩んでいけば、いつの間にか高いところまで辿り着くことを、先生は教えてくれています。

その「いつの間にか」＝「無心の心」で上る大切さを、禅は伝えているのです。

●無駄なことは何１つない

物事に無駄なことは何1つありません。無駄と決めるのは自分の心です。

夢は自分の成長とともにいつまでも変化し、また新たな目標も定めてくれます。そして夢は人と比べるものでなく、自分が決める道筋。たとえその夢が叶わなくとも、それに向かって歩んだ1つひとつの「こつこつ」が、いつの間にか奇跡の輝きを放ってくれます。

そんなことを綴りながら、ふと外の庭に目をやると、やっぱり草が生えている。

改めて自分の未熟さを悟りますが、そんなときにこそ、その草が自分が今やるべきことの背中を、すっと押してくれているように思うのです。

5　自分らしく生きる

●『ぶっちゃけ寺』の収録現場で学ぶ

私はテレビ朝日系列の『ぶっちゃけ寺《じ》』というテレビ番組に5年程お世話になっています。お笑い芸人の爆笑問題さんがMCで、色々な芸能人の方々と僧侶が10人程雛壇に並び、お寺の作法や仏教の教えなどを伝えるバラエティ番組です。

もちろんそれまではテレビに出たこともなかったので、慣れない収録現場は苦労が絶えませんでした。

中でも最初に戸惑ったのが、スタッフさんの役職。収録現場は皆自由な服装をしているので、誰がADで誰がプロデューサーかわかりません。要するに、誰に指示を仰いで、誰に胡麻をすればいいのかわからなかったわけですが、改めて私も着ている服や立場によって人を選り好みして、それに頼って生きてしまっているという恥じる出来事でした。

●立場や役職に頼らない

禅の言葉に「無依《むえ》の道人《どうにん》」という臨済宗を開いた臨済禅師《りんざいぜんじ》の教えがあります。

依は「よりすがる・たよる」の意味があり、字の成り立ちは、人にまつわりつく衣服のさまをかたどったもの。そのため、無依とは「よりすがらない・たよらない」という意味で、人が衣服を脱いだ裸の状態を表します。

道人は道を行く人。剣道や茶道など道のつくものは色々ありますが、ゴールがないのが道です。要するに、無依の道人とは、「衣を脱いで道を歩み続ける人」を表します。

そしてこの衣とは、実際に私たちが着ている衣服ではなく、私たちが日常の様々な場における役職や立場、そして名誉といった私たちを着飾るものを指します。

即ち、立場や役職や名誉に頼らず、いつまでもそれらにすがらずに生きることが、心安らかに生きる術であることを説いた教えであります。

●素っ裸に生きる

山田無文老師は無依の道人を次のように伝えます。

「依り所を持たん、衣を持たん素っ裸の人間だ。お互いの生まれたままの心は、男でも女でもない、学者でも無学者でもない、若くもなく年寄りでもない、金持ちでもなく貧乏でもない。何もないやつがお互いの本心じゃ。それが分かることが正しい人生観だ。金持ちだの貧乏だの、男だ女だと、そういう衣を脱がっしゃい。素っ裸にならっしゃい。無依の道人とは衣を脱いだ素っ裸の人間じゃ」

（山田無文『臨済録』）

私たちは、本来は素っ裸であるはずなのに、色々なものを着飾ってしまうがゆえに、それが迷いの原因となってしまうことを教えてくれます。

しかしながらそうは言っても、私自身もよくこの着ている衣に頼ってしまいます。

例えば、衣を着て袈裟を纏《まと》い、仰々しく上座から言葉を発すると、私の普通の話も少し有難い話に聞こえるようで、聴衆の皆様がよく頷《うなず》いてくれます。私服で話すよりも衣を着て話すと自然と説得力が増し、それにかこつけて私は衣によく頼ってしまうわけです。

●もっとテレビに映りたい！

そんな折、テレビ番組『ぶっちゃけ寺』への出演機会がやってきました。

私がテレビに出演して一番に思ったのは、

「もっと映りたい！」

坊主もテレビに出ると欲が出ました。

しかしながら私には致命的な欠点があり、それが話下手ということでした。

要するに面白い話ではなく普通の話しかできず、これではテレビカメラは向きませんでした。

そのためコメントのカットも数えきれないほど経験しました。

話の構成やオチをつけるのが上手いなど、話し上手の僧侶も多く出演していたので、自ずと私のコメントは後手に回り、発言すらできない収録も続きました。

●話の上手な布教師の資格

そこで私なりに考えたのが、布教師という資格でした。

臨済宗妙心寺派には布教師という資格制度があり、この資格を持っている人が、布教師として色々なお寺を巡って説法を行います。

私も布教師の話を大変面白く聞いていたので、この布教師になれば話が上手くなると思ったわけです。

そして、その布教師となるための研修を受け、合否を判定する試験にも臨みました。研修を受けて、試験にも何とか合格したのですが、果たして自分の話が上手くなったのかを、一番身近な存在である妻に聞いてみたところ、首をかしげて一言。

「あまり変わってないわね」

身内の厳しさを痛感しましたが、布教師はその後2年間、本山で見習いの修習生として実践を積みます。

そのため、その期間が終われば、私は面白い話ができると思って頑張りました。

そして2年が経過して、再度妻に臨みます。すると結果は、

「やっぱり大して変わってない」

そのとき私は改めて、布教師というのはあくまで資格でしかない。その資格が話をするのではなく、私が話をしなければならないことに気づかされました。

●大切なのは裸の自分

布教師というのはあくまで私を着飾る衣。その衣が大切なのではなく、裸の私が勉強して、私が色々な経験をしないと、私の話は面白くならないわけです。そしていくら着飾っても、結局のところ私自身も満足できないですし、心安らかにお話もできないのです。

衣に頼っても仕様がないことに気づいたとき、人は自分に頼らざるを得なくなります。そうすると、この私という存在の大切さ、有難さにも気づくことができます。肩書に捉われ、それにいつまでもしがみついていては、その人の話も生き方も、そして周りの人たちも楽しくありません。

そうではなくて、衣や肩書を着飾ることなく生きることができたとき、私たちは、本当に幸せに生きることができるのです。

●私がいるから衣を着ることができる

相変わらず、テレビに出て思うことがあります。

「やっぱり映りたい！」

けれども前と違うのは、衣に頼るのではなくて、変に着飾るのでもなく、自分の言葉で伝えて映るしかないということ。それに気づいたときに、私は改めて面白い話はできませんが、お坊さんの衣を着ることの面白さには気づくことができたように思います。

山田無文老師は、先ほどの言葉を次のように続けます。

「上から何を着せてみても、たとえ錦を上から着てみても、いかなる立派な衣よりも、命が一番尊いのだ」

社会で生きる上では、色々な肩書、衣服を着なければならないのは当然です。

けれども、そこで大切なのは、着ている物ではなくてこの私自身。

何を着たって、それを着ているのは私に他なりません。その私の命が今ここにあるから、その衣を着ていられるのです。

●限りない無の境地

無依の「無」というのは決して「ない」の「無」ではなく、「無尽蔵」や「無限大」といった限りなくの「無」であります。

1つの衣、立場や肩書に捉われず、その場その状況において自由に衣を脱いだり着たりできるのが無依。そんな自由自在に衣を着こなすことができる人を無依の道人といい、禅ではその教えを大切にしているのです。

着ているのが奇跡なのではなく、衣を着ている自分こそ奇跡。

衣を着ても構いません。そもそも衣を着ないと社会では生きてはいけません。

けれどもその衣に捉われないことで、私たちはいつ何時でも、どんな場所でも、自分らしく生きることができるのです。

6　手放せば手に入る

●アインシュタインの言葉

科学と宗教というと相反するように思えますが、実は仏教とは繋がる部分が結構あります。

例えば、現代物理学の父アインシュタインは次の言葉を残します。

「科学に欠けるものを埋め合わせる宗教があるとすれば、それは仏教である」

アインシュタインと言えば相対性理論ですが、この理論のキーポイントは、時間軸は一定ではないというところ。普通であれば、皆に共通の時間が1本の線のように流れているように思うところですが、実は時間は絶対的ではなく相対的であるというのが相対性理論の根本で、彼の閃きです。

当時は、時間軸は一定というのが定説でしたが、彼はその固定概念に捉われないことで新たな理論を生みました。

●手放すことで満たされる

仏教では、1つのことに捉われてしまうことを「執着《しゅうじゃく》」と言います。執り着くと書きますが、まさに私たちの心に執り着いて、心を汚して真実を見えなくしてしまうのが執着です。

例えば血管にコレステロールが執り着くと、血液を詰まらせ私たちを苦しめます。同様に執着が私たちの心に執り着くと、私たちが生きる上での苦しみの原因となるのです。1つのことに執着すると、偏った物の見方や自分よがりの捉え方に繋がり、これが私たちを迷わせます。

これはこうであるべき、私はこうならなければならない、あの人はそういう人間だ。こういった凝り固まった心がストレスを生み、私たちの心を不安定な状態にしてしまうのです。

「放《はな》てば手に満《み》てり」と言う教えがあります。

これは日本に曹洞宗を伝えた道元《どうげん》禅師の言葉で「一度手を放してごらんなさい。そうすれば、もっと豊かで本当の真実の宝がやってくる」という意味です。手放すことで、本当に大切なものが手に入ると説き、これは一見矛盾に感じますが、手を放すと逆に手に入るとはどういうことなのか。

そこで参考になるのが、先ほどのアインシュタインの相対性理論です。時間軸は一定という固定概念を手放すことで、彼は相対性理論という新たな発見を手に入れました。

要するに、1つのことに執着する心や自分勝手な考え方を手放してみると、本当に大切なもの（真実）が見えてくるわけです。

●初めての滝行

私自身も思い返してみると、手放したら逆に手に入った経験の1つにテレビ収録があります。お坊さんバラエティ番組『ぶっちゃけ寺』では、色々な場所にロケに行きましたが、その中でも忘れられないのが滝行のロケ。禅の修行道場では滝行をしないので、私の滝行初体験がそのロケでした。

季節は1月の頭の真冬。場所は華厳の滝でも有名な栃木県の日光にある名もなき滝でした。その日の気温は5度、水温も同じく5度程でしたが川の水はより冷たく感じます。

いざ着物を脱ぐと、それだけで震えが止まりませんでした。しかもテレビ番組の収録なので、滝に入るまでにコメントを散々とります。

「今のお気持ちは?」

「滝を目の前にしてどうですか?」

その間の格好は、上半身は襦袢《じゅばん》1枚で、下半身は褌《ふんどし》一丁と裸足に藁草履《わらぞうり》のみ。コメントはもういいから、早く滝に入らせてほしいという気持ちで、滝に入る前からとても大変でした。

●滝行の厳しさ

私も誤解をしていたのですが、滝というのは岩場の真横にはなく川の奥地にあります。そのため滝に着くには、まずは川の中を進まねばならないのです。足から膝へ、膝から腰へと、冷たい水面が徐々に上がってきます。滝に辿り着いた頃には、既に体は冷え切っていました。

そしていざ滝に入るのですが、滝行は脳震盪を起こさないように、脳天を外して肩に滝の水を浴びます。それでも跳ね返った飛沫が脳天に当たらざるを得ませんでした。

滝行中はご真言と呼ばれるお経も大声で唱えるのですが、ただひたすらに叫んでいました。

要するに、撮影の最中はただ寒さに耐えるのに必死で、テレビカメラを気にするどころではなく、自分がどう映っているかなど全く考えられなかったわけです。

それまでの撮影では、気の利いたコメントや、カメラアングルばかりを気にしていたため、収録自体も全く楽しめていませんでした。

けれども、滝行のロケではほぼ裸の状態で、お腹の出た情けない身体も丸出し。顔も鬼の形相で、カメラのことなど一切考えられず、とにかく必死で、ただ倒れないように無我夢中でやっただけでした。そうしたら意外にも、そのＶＴＲは結構使ってもらえました。

●滝行が教えてくれたもの

ただ大事なのはそこではなく、それ以降は、自分の映り具合や、よく見られようというのが気にしなくて済むようになりました。それまでは、まさに自分に執着をしまくっていたわけですが、そんなことを気にしていても仕様がない。そんな計らいごとは捨てて、ただ必死にやれば不安も減り、結果は自ずと後からついてくるものであると気づきました。

私の場合は執着の心を滝によって強引に剥がされたわけですが、自分に固執する心を手放したとき、私は改めて収録が楽しくなり、番組の放送も楽しく見られるようにもなりました。

無我夢中でやったら結果はどうあれ満足できたことは、誰しも経験があるように思います。スポーツの世界でも、一所懸命やったから悔いはないというコメントをよく耳にします。はたまた、勝つことを意識したら、逆に勝ちを逃したなんてことも聞きます。

まさに捉われる心、執着を取っ払った境地に清々しい心が表れます。欲しい欲しいと掴もうとするのではなく、逆に手放すことで、私たちは本当に大切なものを得ることができるのです。

●複数の視点を持つ

アインシュタインの相対性理論とピカソの絵には、何と共通点があるそうです。

それは「複数の視点」。相対的な時間にも、私の時間軸とあなたの時間軸といった複数の視点があります。同じようにピカソも、1枚の絵に色々な視点から捉えた物体を描いています。これをキュビズムと言うそうですが、ピカソもまた、それまでの流派に捉われないことで新しいジャンルを開花し、人々の心を魅了したのです。

物理のアインシュタインと芸術のピカソの意外な共通点にも、また1つ私の固定概念が払われました。執着を取っ払うには、複数の視点から物事を見ることも役立つように思います。

そうは言っても、日常の中で執着は付き物。私もまだ色々なものに捉われてしまいます。

しかしながらそうであるからこそ、滝行に限らず、無我夢中に何かをやってみたり、坐禅に集中してみることで、自分の心に目を向けることが大切なのかと思います。

1つの手の平に掴む量には限りがあります。

もっともっととこれ以上に持とうとするのではなく、逆にパッと手放してみることで、自ずと本当に大切なものが手に入ってくるのです。

第3章　出産・育児にまつわる奇跡

1　いのちという奇跡に出会う

●宝くじに夢を描く

お盆や年末年始の時期に、街頭やテレビを大いに賑わすジャンボ宝くじ。1等の賞金は数億円というフレーズを見ると、僧侶である私も大いに惑わされます。

特にその時期にお檀家さんの家の仏壇へお参りに伺うと、この宝くじが仏壇の中に大事そうに祀られており、さらにお檀家さんから一言。

「和尚さん、今日は頼むよ！」

特別に念を押され、背中からお檀家さんの祈る気持ちがひしひしと伝わります。当たったらちゃんと分けるからとおっしゃりますが、今のところその恩恵は受けられていません。

宝くじの1等賞が当たる確率は天文学的数字ではありますが、私たちはその奇跡を信じて宝くじに夢を描きます。当たったら何をしようか、どんな人生を歩もうかと妄想を膨らまると、それだけで幸福を感じる方も多いのではないでしょうか。

●いのちの奇跡

仏教を開いたお釈迦さまの教えに、次のようなたとえ話があります。

ある日、お釈迦さまは足もとの土を爪の上に乗せ、弟子たちに質問しました。

「この爪の上の土と、大地の土、どちらが多いか？」

「お釈迦さま、それは大地の土であります」

「そのとおりである。この世界に生まれるいのちは大地の土ほどあるが、人間として生まれるいのちは、この爪の上の土ほど少ないのだ」

もちろん草のいのちも動物のいのちも、そして人間のいのちにも優劣の差は一切ありません。

しかしながら、私たちは人のいのちとして生を受けて今この瞬間を生きているわけですが、そのの奇跡を実感している人はどれぐらいいるのでしょうか。はたまた、どれぐらいの人が、いのちの尊さに感謝をして生きているのでしょうか。

●「ありがとう」の反対は「あたりまえ」

私自身も、この自分のいのちの有難さをつい忘れてしまいます。

生きていて当たり前、生活ができて当たり前、歩くこと、食べること、そして毎日寝ることができて当たり前だと思ってしまいます。

私たちが感謝の意を表する際に使う言葉の「ありがとう（有難う）」の反対語は、「当たり前」であるとも言います。

そしてその「当たり前の有難さ」に気づくことの大切さを仏教では説いています。

身の回りにある当たり前の有難さを実感できれば、私たちはいつ何時でも心安らかに生きることができるのです。

●ご先祖さまは何人？

そんな当たり前にあるいのちの有難さに気づくために、ここで私たちのいのちのルーツであるご先祖さまの数を計算してみます。

まず、自分には必ず両親がいます。父親と母親から無償でいただいたのが、この私のいのちです。そのため、まずは1世代を遡ると、ご先祖さまの数は2人となります。

そして、両親にはその両親、即ち祖父母がいます。そのため、2世代遡ると、［2人×2］で4人です。さらに、その両親である曾祖父母は、その倍で8人。このようにして、1世代遡るごとに倍、倍と増えていくのが、私たちのご先祖さまの数です。

この各世代の合計がご先祖さまの総数になるので、数式にすると次の通りになります。

N世代までのご先祖さまの合計＝［2の（N＋1）乗－2］人

このNに数字を当てはめていくと、例えば10世代でのご先祖さまの合計は2000人を超えます。そして20世代まで遡ると、その数は20万人を超えます。さらに30世代までいくと、なんと20億人を超えます。

ここで1世代を約30年と仮定すると、即ち30歳前後で次の世代の子どもが生まれるとすると、30世代で約900年、33世代で約1000年となります。すると、ご先祖さまの数は80億人を超え、なんと現在の地球の人口の約70億人を超えます。

要するに約1000年遡れば、今の全世界の人口の合計よりも多いご先祖さまが、自分には存在していることがわかります。

1000年前というと日本では平安末期になりますが、人類の歴史はそんなものではありません。何千年も前から脈々といのちは繋がっています。そのため、さらに倍の倍の倍の…まさに天文学的数字のいのちが、今あるこの自分のいのちには含まれているわけです。

そしてそのご先祖さまの誰一人として欠けてしまったら、今の自分のいのちは成り立ちません。何億人、何千億人、そして何兆人のいのちの結晶が、今ここにある私なのです。

●宝くじの当選確率

冒頭で紹介したジャンボ宝くじの1等賞の当選確率は約0・000005%だそうです。けれどもご先祖さまの数を考えれば、私たちの命の誕生する確率は、0・0000…0001%のいのちが欠けてもあり得ません。1等当選の奇跡を願う私たちは、もう既にその奇跡を1ついただいており、それが今ここで生きている私のいのちに他ならないのです。

これをお釈迦さまは、この果てしなく続く大地の土から、爪の上に載せたほんの一握りの土で表しました。

日常生活を過ごしていると、なかなかこの有難さに気づけません。

しかしながら、こうやって今呼吸をしている瞬間も、ご先祖さまが織りなした奇跡がおかげさまに生きています。そんな自分のいのちの軌跡を知ることで、自ずと自分のその奇跡に気づくことができるのではないでしょうか。

●いのちを授かる奇跡

私も2児の父ですが、実は私たち夫婦は不妊治療を経ていのちを授かりました。度重なる検診や検査、費用も嵩み、なかなか結果の出ない日々が続きました。結婚する前は当たり前にできると思っていた子どもでしたが、子どものいる家族というのは、決して当たり前ではありませんでした。

お寺の僧侶である身にも関わらず、子宝の神社にもお参りし、まさに仏ならぬ神頼みも行いました。妻は妊娠のために葉酸などの栄養素にも気を遣い、色々な情報に錯綜もしました。

近年は不妊治療の話題もよくニュースに上がりますが、1つのいのちが誕生するには、本当に身体的にも精神的にも、そして経済的にも負担がかかるのが現状です。

それでも約半年ほど続けていた矢先、幸運も味方し朗報が舞い降り、それ以降は、いのちの奇跡が授かれたことの有難さを噛み締めながら、何とか無事に出産へ辿り着きました。不妊治療を経験していなかったら、新しいいのちを授かることの奇跡、さらにいのちそのものの奇跡には気づけなかったかもしれません。

当たり前の有難さに気づくには、逆境や辛い出来事は、そのきっかけとなってくれます。

辛いことや苦しいと思っていたことも、実はその奇跡に気づかせてくれる糧となり得るかもしれません。すべての出来事には必ず意味があることも教えてくれたのが、いのちという奇跡に出会った瞬間でありました。

●オンリーワンのいのち

お釈迦さまの説いた「爪上の土」の教えは、決して爪の上の土だけが尊いことを伝えているのではありません。それは同時に、この世界を埋め尽くす大地のすべての土の尊さにも気づくことの大切さも教えてくれています。

そのことを、詩人の金子みすゞ氏は「みんな違ってみんないい」と表し、シンガーソングライターの槇原敬之氏は『世界に一つだけの花』の歌詞で「ナンバーワンにならなくてもいい、もともと特別なオンリーワン」と歌います。

私たちのこのいのちの奇跡。

それは今この瞬間も、ドクンドクンと力強く、この胸の中で力強く鳴り響いているオンリーワンの存在なのです。

2　胎児ファーストなお母さん

●利他の精神

35億を超える女性から生み出される1つの卵子と、同じく男性から生み出される1つの精子が結合することで、人のいのちは誕生します。一世を風靡したお笑い芸人さんも言うとおり、35億分の1の確率で出会う男女の間でも、すでに奇跡は起こっています。

そのいのちの誕生と言える受精卵になる過程では、1回の射精で約1億以上の精子の群れが、1つの卵子をめがけ突進していくと言われます。

そして最初にたどり着いた1つの精子が卵子と結合し受精卵となった瞬間に核ができ、後からやってくる精子を一切受け付けなくなります。

そのときに、万が一別の精子が卵子と結びついていたとしたら、今の自分はありません。

卵子にたどり着ける精子の確率は、まさに天文学的な数字でありますが、実はその精子には他の精子を守る利他の精神があるそうです。

即ち大量の精子はすべて卵子に向かっていくのではなく、とある一群はくるりと向きを変えて、自分たちの仲間以外の精子が入ってくるのを阻止したり、撃破したりするそうで、仲間の選良が卵子と早く結びつくのを助けるのだそうです。

いのちの誕生の瞬間にも利他の精神が働いていたとは驚きでした。

そもそも1ミクロにも満たない精子という細胞1つにも、利他の精神が備わっているという事実を知ったときは衝撃を受けました。

●利他に生きるお母さん

実は「旦那」という言葉の語源は、サンスクリット語の「ダーナ」で、これを音訳《おんやく》した言葉であります。同時に「ダーナ」を翻訳《ほんやく》したものが「布施」であり、第1章でも紹介したとおり、「見返りを求めない無償の施し」です。

要するに旦那と布施は同じ意味であり、私も一旦那を務めている身でありますが、夫婦円満の秘訣は、旦那が妻に対して無償に施すという利他の精神にあるのかもしれません。

さらに、この「ダーナ」が西洋に伝わると「ドナー」となり、日本でも臓器提供者のことを指します。東洋でも西洋においても、やはりこの利他の精神はとても重要とされているのです。

そんな利他の精神の象徴とも言えるのが、まさに母親の姿です。私も2児の父でありますが、その子どもたちの母である妻の姿からは、利他に生きる姿を教えられます。

特に妊娠をしているときの妊婦さんは、まさに赤ちゃんファースト！

最近は「〇〇ファースト」と呼ばれる言葉も流行していますが、この赤ちゃんファーストなママの姿ほど、美しいものはないように思います。

ひとたび受精卵が着床し、妊娠が確認された折には、母親はすべて赤ちゃんファーストの生活を送ります。

毎日ご飯を食べる際も赤ちゃんの栄養分に気を遣い、お腹が大きくなれば寝方もお腹の赤ちゃんを最優先します。妊娠期間から授乳期間が終わるまでは、飲酒や喫煙も一切禁止となり、そのような場所からも身を守ります。

さらには、靴や服装などのファッションに加えて、お休みの日の外出においても、なるべく安全で転ばない場所を選んで行動します。

●生きる力

そんな中、気の利かない私は、一度妊娠中にお城巡りをデートに選んでしまい、案の定、天守閣まで登ることができず、申し訳ない思いをさせてしまいました。

また、初めての妊娠の際は、父親研修として妊婦体験もさせていただきました。大きな重りがお腹についたエプロンを纏い、階段の上り下りや、靴の脱着などを妊婦さんのように経験しました。

いつも周りから見ていたものの、やはり見ているのとやってみるのは大違いで、1つひとつの日常生活の中にある当たり前の行動が、如何に不自由となるかを痛感しました。

これを十月十日も続け、さらには食事制限や寝返りすらも打てない期間が続くかと思うと、赤ちゃんファーストに生きるママの凄さと、そこに潜む利他の精神を改めて感じました。

そして何より出産の際には、改めて赤ちゃんのために生きる母親の強さも痛感しました。

私は妻の横でただ手を握っていただけですが、その時の妻の握力に驚いたことを覚えています。

普段華奢に見える妻の腕にこんなに力があったとは…！？

まさに新しいいのちのために生きる力の強さを感じるとともに、それが如何に奇跡的なことであることかも教えていただいたように思います。

●細胞レベルで利他に生きている

母親は出産の際に痛みを経験する分、赤ちゃんに対する愛情も生まれると聞きます。もちろん帝王切開や無痛分娩などにおいても、お母さんの身体的負担は大変なものです。そのため、その痛みや苦労を伴った分、母親の愛情は自ずと深まるのだと思います。

赤ちゃんのために必死に頑張るお母さん。

出産後のお母さんの表情は最も美しい姿とも言いますが、痛みや苦しみと共に、一所懸命に生きるその姿は、まさに奇跡の存在であるように思います。

人は自分のためではなく、人のために行動するときに、想像以上の力が発揮されます。

新しいいのちを第一に考え、いのちを懸けて守る母親の姿は、まさにこれまで以上の力が発せられていたように思います。

他の精子のために働く精子がいるのと同様に、私たちはまさに細胞レベルでも利他の精神を携えている。その細胞が集まって、私たちのこの身体は形成されている。

そう思うと、自ずと人のために差し出す一歩が、生じてくるのではないでしょうか。

●意識しない利他の精神

江戸時代に活躍した臨済宗の僧侶である至道無難禅師《しどうぶなんぜんじ》は、次のように述べます。

「火は物を焦がすとその火は知らず、水は物を潤すとその水は知らず」。

火というのは、物を焦がしますが、その火自体は物を焦がすことを知りません。同じように、水は物を潤しますが、その潤すことを知りません。それこそがまさに、利他の精神の醍醐味でもあります。

たとえ人のために行動したことも、それを相手に誇ってしまったり、誰かに自慢をしてしまうと、一気にその貴さが薄れてしまいます。

プレゼントをもらったり、何かをしてもらったときにも、その「してあげた感」を出してしまうと気持ちが冷めてしまうということも経験があるのではないでしょうか。

●見返りを求めない美しさ

見返りを求めない施しというのは、まさにその言葉のとおり、見返りを求めないところに美しさがあります。

お互いが気持ちよく尊い存在となるためには、そのしてあげたことすらも忘れてしまう、強いてはしてあげたこと自体も意識していないところに、真の布施の心＝利他の精神があるのです。火は物を焦がすとその火は知らず、水は物を潤すとその水は知らず。

この言葉を借りるのであれば、

「母はいのちを育むもその育むことは知らず、仏は利他して利他を知らず」

となるでしょう。誰かのために何かをしても、そのことすら自覚をしていない心持ち。そこに私たちが本当に心安らかに生きることができる幸せがあるように思います。

●ファーストに生かされている

アメリカンファーストや都民ファーストなど、自分第一主義という言葉をよく目にする時代となっています。けれどもそんなときにこそ、仏教の根本にある利他に生きることの貴さが、人間に本当の大切なものは何であるかを教えてくれています。

自分の成功は、ひょっとしたら見知らぬ誰かの手助けによって成り立っていたのかもしれません。

実は今この瞬間も、誰かの利他の行為によって物事が成り立っているのかもしれません。

そんな利他の積み重ねによって成り立っているのが、私たちの日常。

自分が生きているということは、同時に誰かの◯◯ファーストによって、生かされているということなのです。

3　素っ裸に生きる赤ちゃん

●素っ裸が原点

赤ちゃんほど素直な心の持ち主はいません。

嬉しいことがあれば笑い、苦しいことがあれば泣く。誰しも通ってきた道なのに、その頃の記憶はほとんどなく、いつしか物心がついて気づいた頃には親や周囲に反発をしていました。

人は必ず素っ裸で生まれてきて、そして何も持たずに死んでいきます。

どんなお金持ちになろうとも、どんなに名誉を得ようとも、生まれたときと死んでいくときの姿は必ず同じ素っ裸です。

そんな素っ裸が原点であるにも関わらず、私たちはあれこれと色々と欲しがってしまいます。

●何も持っていない私たち

7世紀頃に活躍した禅の僧侶に慧能禅師《えのうぜんじ》という方がいます。

それまでは、ひたすら坐ることに重点を置いていた禅の宗風を、日常生活の一挙手一投足に重きを置いて、生活に活きる智慧の禅へと昇華させた禅宗界の革命児とも言われる人物です。

そんな慧能禅師が修行中のとき、師匠から、自身の悟りの境地を表す言葉を掲げるようお題を出されました。そこには慧能禅師の他にも多くの弟子がいたのですが、そんな沢山の弟子たちが慄《おのの》いて中々詩をつくれないでいる中で、まずはその弟子の中でも筆頭であった神秀《じんしゅう》という僧侶が次のように述べました。

この身は菩提（悟り）、即ち悟りを宿す樹である。
心は曇りのない明鏡のように、すっきりしている。
だからいつも精進して、心を払い浄めなければならない。
そのために、煩悩や妄想の塵や埃を掃き清めなければならない。

まさに悟りの境地を表したもので、日々心を清めるために修行に励む修行僧の思いが込められています。

しかしながらその後に、慧能禅師は、何と次のような言葉を返します。

菩提（悟り）に本来樹は無く、
明鏡もまた台にあらず。
本来《ほんらい》無《む》一《いち》物《もつ》。
何《いず》れの処にか塵や埃を掃き清めようか

先の僧侶は、この身は菩提（悟り）の樹であると言われ、心は綺麗な鏡であると言われたが、禅の世界でいうところの無の境地というのは、もともと菩提もなく煩悩もなく、身もなく心もなく、本来無一物であると慧能禅師は説いたのです。

悟りもなく、身もなく、心もない。

そんなないない世界が禅の世界。それを表すのが本来無一物。

では、このないない世界とは、一体どんな世界なのでしょうか？

●禅の説く無の世界

禅では、よくこの「無」という言葉が登場します。

無心や無我、無の境地という言葉も有名ですが、無心という字は「無の心」と書きます。

しかしながらこれは決して「心がない」という意味ではありません。

禅の無というのは、有る無いの無ではなく、「無尽蔵のはたらき」のような限りなくの無に近いものなのです。

これは、よく「水」に例えられます。

水は、収まる容器の種類や姿形を選びません。コップであればコップの形に沿い、花瓶であれば花瓶の形となって、水自身が臨機応変に姿形を変えて、その容器に収まります。

まさに無尽蔵の働きを持った無限の可能性や柔軟性を持つのが水であり、その水のような心のことを、禅では無心の心と説きます。

そこには、余計な執着や先入観、凝り固まった固定概念は一切ございません。無の心を体現できれば、自ずとそこには無限に満ちた可能性を引き出させてくれるのです。

●偏見を持たない赤ちゃん

先日、友人に子どもが生まれて、初めてその赤ちゃんへ会いに家を訪れました。

まだ首も座っていない生後3か月ぐらいの赤ちゃんでしたが、大変機嫌もよかったのか、そっと顔を覗き込んで笑いかけたら、あろうことかニコッと笑い返してくれました。

坊主頭をしているとよく泣かれるのが常なのですが、そんな「坊主頭＝怖い」の偏見すらない赤ちゃんにとっては、私の笑顔も通用したようです。

●赤ちゃんの可愛さ

私も2児を持つ父ですが、改めて、赤ちゃんの可愛さに心が安らぎました。

赤ちゃんに限らず、小さい子どもほどその笑顔は純真で、本当に心の底から笑っています。子どもの笑顔を見て、そこから自然と幸せを感じる人は多いはずです。何かを得ることで幸せを感じることもできますが、何も持たなくとも、人は人を幸せにすることができるのです。

なぜそんな赤ちゃんや子どもたちの笑顔に幸せを感じるのか？

それはやはり、彼らの笑顔には、大人で言うところの「裏がない」からでしょう。

私たち大人はどうしても長く生きていくうちに、色々な経験をして知識を蓄えていきます。そしてそこから顔の皮が厚くなるように、私たちはその得たものから色々と見繕い、自身を何重にも塗り固めてしまいます。それによって自分も持っていたはずの純真な心を、いつの間にか見失ってしまいます。

赤ちゃんの素っ裸の笑顔を見たときに、改めて人はやはりここが原点で、そしてここへ帰っていくことを教えられました。

●赤裸々《せきらら》な幸せ

何も持っていない、本来無一物な状態。

偏見や先入観や固定概念を持っていない赤ちゃんの心は、これほどまでに相手の心を幸せにするのかということを痛感しました。

そしてそのような無一物な心＝無心の心は、別段赤ちゃんのときだけの持ち物ではありません。今現在の私たちもそれを持っているはずで、忘れてしまっているだけなのです。

赤ちゃんが赤ちゃんと呼ばれる所以は、見た目が赤く見えるからという理由もありますが、赤ちゃんの「赤」という字には、「裸、むきだし」という意味もあります。

「赤裸々」という言葉もある様に、裸一貫の何もない状態だからこそ赤ちゃんと呼ぶのです。

そしてそんな赤裸々な状態に、私たちは幸せを感じます。

●童心に生きる

育児において、子どもたちの童心からは、本当に多くの気づきをもらいます。

特に、生まれたての赤ちゃんからは、まっさらなピカピカの新しい無の心を教わります。

最初は嫌々ながらも付き合っていた子どもたちとの遊びが、いつの間にか自分も童心に返って、一緒に楽しく笑っている瞬間も多々あります。

人は成長していく中で、煩悩や妄想、欲望やお金などがはびこる現実の世界で生きていかなければなりません。そしてその中で、知識や経験が蓄えられていく内に、自ずと元々純真であった心も、その苦労や辛さと共に疲弊し、欲や迷いと言った汚れが着いて廃れていってしまいます。

これは誰にだって起こる得る当たり前のことです。

しかしながら、私たちは、この無尽蔵な働きを持ち、無限の可能性に満ち、柔軟性を携えた水のような仏の心を、必ず胸の奥底に持っています。

そしてそんな仏の心は、赤ちゃんのように人に幸せを与え、同時に子どものように自分を楽しく幸せに導いてくれます。

無尽蔵で無限の可能性を秘めた無の心。

これが本来無一物で生きる私たちに、無限の奇跡を与えてくれるのです。

4　千本の手と大好きなお母さん

●母の偉大な力

どんなに美味しい料理をいただこうとも、やっぱりおふくろの味が一番美味しい。

少年時代に反抗期を経ても、青年時代に長く一人暮らしを続けていても、久しぶりに実家に帰って来ると、お母さんの手料理にはどれだけ時を経ても感動を覚えます。

最近では、家事や育児も父母関係なく、お互いが協力して行う時代ではありますが、それでもやはりお母さんの存在は子どもにとっては特別であります。

私も出産に立ち会ったとき、お腹の中から出てきた赤ちゃんが、初めて外の空気に触れて必死に泣きわめく最中、母親の胸に抱かれた瞬間にすっと穏やかになり、安心して肺呼吸を受け入れていく姿に、母の目に見えぬ偉大な力を感じました。

あんなに苦しそうに泣き喚《わめ》いていたのに、外の世界で初めて出会う母親とは肌が触れ合うだけで安心を得て泣き止む赤ちゃん。

そのときの赤ちゃんの幸せそうな表情は忘れられませんし、自身が生まれた時も同じ顔をしていたかと思うと感慨深いものがありました。

受精卵となっていのちが誕生した瞬間から、お臍を通じて栄養をいただいてきたお母さんという存在は、自分が死を迎えるそのときまで、やはり永遠の存在であるように思います。

●4つの恩

仏教でも、「四恩《しおん》」という教えをとても大切にしています。

これは人が生きる上で決して忘れてはいけない、忘れることのできない4つの恩を表します。

1つ目は父母の恩。

これは、お父さんお母さんからいのちをいただいて、さらにそのいのちを大人になるまで育ててもらった恩を指します。

2つ目は、衆生《しゅじょう》の恩。

人は1人では決して生きていけません。父母からいただいたいのちは、親族やご近所さん、学校の先生や恩師、はたまた身近にいてくれる友人や同僚など、様々な自分の周りの人たちの恩によって育まれています。

3つ目は、国土の恩。

人間が生きていくには、植物や動物のいのちを食べ物としていただかなければなりません。また、家を構えて暮らしていくには、その土地、環境、国、そして大自然からも沢山の恩をいただかねばなりません。

最後の4つ目は、三宝《さんぼう》の恩。

三宝とは、仏教における「仏さま」と、その「仏教の教え」と、その「仏教を信じる人々」を指します。強いては、お仏壇やお墓で眠っている、私たちのご先祖さまも仏さまと同じです。自分のいのちがある以前から、ご先祖さまや仏さま、さらには仏教の教えによって脈々と育まれてきたのがこのいのちであります。

そんな4つの恩をいただいていることを忘れることなく、その恩に感謝して報いる生き方をしましょうというのが四恩の教えです。

そして何より、その最初に登場するのが父母の恩。

父母の存在なくして、今の自分は絶対にあり得ません。

「恥は知るもの、恩は着るもの」とも言いますが、私たちは生を受けたその瞬間から、すでに多くの恩を着ています。

だからこそ、その自分が今着ている恩を忘れることなどできるはずもなく、しっかりとその恩に報いる生き方をしていかねばならないのです。

●お母さんの姿

目の不自由な子が描いたお母さんの絵は、数多くの手の形をしていたという話があります。その子どもは、目が不自由であることから、お母さんの実際の姿形は見ることができません。

けれども、ご飯を食べるときに手伝ってくれるお母さんの手。

服を着るときに手伝ってくれるお母さんの手。

さらには、お風呂やトイレを手伝ってくれるお母さんの手。

お母さんを沢山の手で表したその子どもは、しっかりとお母さんからいただいている恩を感じて幸せに生きていることを表しています。

千手観音という仏さまがいます。

手が千本もあることから、その多くの手で人々を救ってくれる観音様という仏さまでありますが、その手の1つひとつが、お母さんが自分に掛けてくれた苦労のように見ることもできます。

千手観音の仏像を拝見していると、自分が今まで受けてきた数々の恩を感ぜざるを得ませんし、手を合わせる度に、恩に報いる生き方ができているかを問われているように感じます。

●お母さんの優しさ

もう1つ、知的障碍を持った別の子どもの次のような話があります。

ある教育現場で先生が生徒であるその子どもに尋ねます。

「お父さんは男の子です。それではお母さんは？」

普通の回答であれば「女の子です」と返すのを予想しますが、その子どもは、

「お母さんは、大好きです」

と答えたそうです。

とても心温まるエピソードであるのと同時に、私たちが忘れている生きる上で大切なもの、お世話になっている人の恩に報いる生き方というものを教えられるように思います。

●できることからこつこつと

テレビアニメでも人気を博した一休さん。実は室町時代を生きた臨済宗の僧侶でありますが、そんな一休禅師と蜷川新右衛門にまつわる詩に次のものがあります。

死《しん》でから　仏になるは　いらぬもの　いきたるうちに　よき人となれ（『一休蜷川狂歌問答』）

人が亡くなることを仏に成ると書いて「成仏《じょうぶつ》」と言いますが、禅の教えでは、生きている間に仏に成ることが大切であると説きます。


では、生きている間に成仏するにはどうすればいいのか？

それはこの詩が示すように「よき人」と成ればよいのです。

それでは、よき人とはどんな人なのか？

それこそまさに、この父母の恩を知り、その恩にしっかりと報いる生き方のできる人のことを指すのではないでしょうか。

もしその大切な人にもう会えなかったり、亡くなっていることから恩を返すことができないのであれば、身近な誰かに恩を送るという「恩送り」という言葉もあります。恩送りであれば、今すぐにでも自分の周りの人に、何かをすることができるはずです。

坂村真民氏の詩に『何かをしよう』というものがあります。

何かをしよう　みんなの人のためになる　何かをしよう
よく考えたら自分の体に合った　何かがある筈だ
弱い人には弱いなりに　老いた人には老いた人なりに　何かがある筈だ
生かされて生きているご恩返しに　小さいことでもいい
自分にできるものをさがして　何かをしよう
一年草でも　あんなに美しい花をつけて　終わってゆくではないか

（『坂村真民全詩集第五巻』）

今の自分があるまでに、多くの手をかけてくれたお母さんの恩。赤ちゃんのように、小さい頃はまぎれもなく大好きだったのがお母さんの存在です。

そのお母さんの恩を知ったならば、改めてその恩に報いるために、何かをせざるを得ません。だからこそ、自分にできることから、とりあえずやってみる。

そんな生き方を、常日頃から目指していきたいものです。

5　子は親の鏡

●学ぶことは「真似ぶ」こと

子どもの成長を見ていると、親の自分も自ずとワクワクしてきます。

この子は一体どんな子になるのだろうか？

この子は将来どんな活躍をするのだろうか？

この子は大人になったらどんな職業についているのだろうか？

子どもに夢を託す親も多いですが、自分がそうであったように、親の言うとおりにはなかなか育たないのが子育てなのかとも実感します。

親の言うように子は育たぬ　親のするように子は育つ

私自身も子を持つ親として、心がけている言葉です。親が好き嫌いをすれば、子も好き嫌いをしますし、親がしていることを子はよく見ています。

言葉で言って聞かせても中々聞いてくれないことが多いですし、逆に親が背中を見せれば、自然と真似をしているのが子どもの成長する姿です。

●耐え忍ぶことの大切さ

仏教の教えにも「忍辱《にんにく》」と言って、耐え忍ぶことを大切にしなさいという教えがあります。これは別段教えられる側のことではなくて、教える側にも同じことが言えます。

私も指導を受けた禅の老大師と呼ばれる方は、「最近の大人は辛抱が足りない」と言います。最近の親は10を教えれば、8ぐらい覚えて当たり前と思っている。けれどもそんなわけにはいかないのが、人を育てるということである。10を教えて1か2ぐらい覚えてくれれば御の字。それぐらいの覚悟をもって人を育てようとしないと、なかなか人はしっかりと育たないと言います。

耐え忍ぶのは決して苦しいことや辛いことだけではなく、相手を見守る上でも、しっかりと辛抱をして根気よく育てることが大切であることを教えられます。

私はお寺で生まれ、お寺で育ち、お寺の僧侶になるべくして育てられた所謂「寺の子」です。姉が1人の長男で、男兄弟もいなかったため、私がお寺の跡を継ぐべくして育てられました。

もちろん思春期や学生時代などは、親の言うとおりになんかなりたくないと反発心を抱いたこともありました。

敷かれたレールを歩む失望感を感じた時期もあります。

けれども自然とお寺の手伝いをさせられていく中で、両親や祖父母の姿からなるべくして僧侶になったように思います。

●お坊さんも反抗期

というのも、私はお寺で生まれた身であるにも関わらず、昔から本を読むのが苦手で、その分なぜか数学や物理・化学等の理系の科目が得意でした。

そのため学生時代は情報工学科に進み、コンピュータを専門に学びました。ちょうどＩＴ革命全盛期で、ミーハーな私は流れるままにそこに飛び込んでいました。

そんな楽しい時期も束の間、卒業を迎えると同時に年貢の納め時も来て、その後は京都の仏教系の大学へ進み、半ば強制的に修行道場へ入門しました。

その過程で私の中でも転換点が訪れ、何の気なしに仏門に入ったわけですが、修行道場を出る頃にはどっぷりと仏教の世界にハマっていました。その後はブログや書籍で仏教を伝えるのが楽しく、さらには仏教系のテレビ番組にまで顔を出す始末となりました。

今ではもちろん仏教大好き人間なのですが、昔の私自身の行動からは想像できないものであったように思います。

今思えば、両親もよく辛抱してくれていたのだと思います。私が東京へ出て行った際は、さぞ心配もしたことでしょう。

10を伝えたいのに1か2しか覚えて返ってこなくとも、しっかりと辛抱して根気強く続ける心。耐え難きを耐えて、忍び難きを忍んできた日本人の美しい心を、改めて見つめ直す時代が訪れているように思います。

●お互いを研鑽し合う

禅の言葉にも「清風明月《せいふうめいげつ》を払《はら》い、明月清風《めいげつせいふう》を払《はら》う」という教えがあります。清らかに吹く風は、夜空に輝く月の前にかかる雲を払うことで、月をより輝かせます。同時に、曇りない月は、風すらも綺麗に輝かせて、余分なものを取り払ってくれます。

親が子を育てるというのもこれと同じです。子は親の鏡とも言うように、親は子を輝かせようと育てますが、それは同時に鏡に映った自分を育てるのと同様なのです。

子は親を育て、親も子に育てられている。親が悪いことをすれば子も悪いことをしますし、子がよいことをすれば、親もよいことをしています。

お互いがお互いを研鑽し合う。まさに清風が明月を払い、明月が清風を払うが如く、自分と相手とが入れ替わり立ち代わり、育て育てられる立場となって磨かれていく。それが育児の場でも起こっているのが、人間の親と子のお互いの成長であるように思います。

●ご先祖さまと1つになる

先日、孫とともにお寺の行事に遊びにきたお婆ちゃんが、お寺のお茶を飲みながら、ふとこんなことを呟きました。

「あぁ、やっぱりお寺のお茶はホッとするね」

「お寺のお茶を飲むと長生きできる」と豪語する方もいるのですが、お寺で出しているお茶は至って普通の市販のお茶です。

その方に差し上げたお茶も別段特別なものではなかったのですが、お茶を飲みながら孫とともに庭の景色を眺めている最中に、ふと何気なくおっしゃりました。

その理由を私が尋ねると、

「昔は私も祖母に連れられて、よくお寺の行事に参加をしていた。そのときに、こうやってお茶をいただいたのが懐かしい」

と答えました。

そのとき私が思ったのは、おそらくそのお婆ちゃんは、お茶の味を味わっているのではなくて、一緒にきた祖母との思い出を味わっていたのだということでした。

昔の自身の祖母との思い出を振り返り、自分がその祖母となった今でも、その温もりや優しさを身体が覚えており、今現在にお寺でお茶を飲んだ際にそれを思い出した。そしてその温もりを感じて、自ずとお茶の美味しさに重なり、心に安らぎを得たのかと察しました。

●大人の背中を見て育つ

小さい子どもは大人の行動をよく見ており、それを必ず覚えています。

お仏壇で手を合わせる姿や、お墓参りでご先祖さまを祈る姿、そして「南無《なむ》南無《なむ》…」とお経を唱える声を子どもはちゃんと覚えてくれています。

そしてその記憶がふとしたときに表れ、他を思いやり、人に優しくする行動に繋げてくれます。

だからこそ、子どもの頃からしっかりと、あるべき姿を大人が行動で、背中で示してあげることが大切なのです。

お寺のお茶を飲んでホッとするお婆ちゃんの姿から、何十年も前にも同じ光景を見ていたであろう先々代の住職の姿も、私の心に自ずと浮かび上がり、私の襟も正された出来事でした。

子は親の鏡であり、親は子の鏡である。

子どもの成長する姿から、改めて自分自身もしっかりと顧みていきたいものです。

●子どもの詩

最後に、米国の教育学者であるドロシー・ロー・ノルト著の「子ども」の詩を添えて、この章を終えたいと思います。

子ども

ドロシー・ロー・ノルト

批判ばかりされた子どもは、非難することをおぼえる
殴られて大きくなった子どもは、力にたよることをおぼえる

笑いものにされた子どもは、ものを言わずにいることをおぼえる
皮肉にさらされた子どもは、鈍い良心のもちぬしとなる

しかし、激励をうけた子どもは、自信をおぼえる
寛容にであった子どもは、忍耐をおぼえる

賞賛をうけた子どもは、評価することをおぼえる
フェアプレーを経験した子どもは、公正をおぼえる

友情を知る子どもは、親切をおぼえる
安心を経験した子どもは、信頼をおぼえる

可愛がられ抱きしめられた子どもは、世界中の愛情を感じとることをおぼえる

第4章　病気・ストレスにまつわる奇跡

1　病とともに生きる

●人生に痛みや苦しみは付き物

誰しも病気や怪我はしたくないものです。子どもが風邪をひけば親は誰よりも心配し、親に何か大病が見つかれば、子はその病から救ってあげたいと願います。

私も喉を使う仕事柄、季節の変わり目やインフルエンザの時期は予防を心がけます。けれども、そうは言いつつ人も生き物で、風邪をひいたり怪我をしたり、病も患ってしまいます。

生きている限り痛みや苦しみは付き物で、その苦しみから完全に逃れることはできません。

これは仏教や禅の教えでも同様で、坐禅や厳しい修行をしたからといって、決して病気にならない身体が手に入れるというわけではありません。

●この世の苦しみ

仏教でも「病」は苦しみの原因として、四苦八苦《しくはっく》の1つに含まれます。

お釈迦さまが王子であったときに、城門で病人に出会ったことで、この世の病の苦しみを知ります。そこから出家の旅へ出るわけですが、まさにそのきっかけの1つが病苦なのです。

風邪や怪我からは誰も逃れられず、そもそも人間が死ぬときは、何かしらの病を患いそれに抵抗する力が絶えて亡くなります。オギャーと生まれた瞬間から、私たちは病とともに生きねばなりません。

そのことに気づいたお釈迦さまは、この苦しみをどうすれば取り除けるかを考えます。

そして懸命に修行をして気づいた答えが、病の苦しみはなくすことができないという事実でした。病に抗ってはならず、病とともに生きるしかない。これに気づいたときに、お釈迦さまは永遠の安楽を手に入れたわけです。

そんなことは誰でも知っていると思っていても、なかなか納得はできないのが私たちです。

実は私自身は、幼少期から病弱な体質でした。

季節の変わり目にはよく体調を崩し、アレルギー体質であったことから年中鼻炎持ちであると共に、喘息にも悩まされました。夜になると発作が起こり、救急に駆け込んだことも幾度とありました。アトピー性皮膚炎もあり、常に薬を手放すことはありませんでした。毎月の通院に同行した母親には、随分と迷惑をかけたように思います。

●肘の骨折が教えてくれたこと

そんな中で、最も印象に残っているのは、肘の骨折です。

小学3年生のときに、高い所から落ちて着地の際に手の着きどころが悪く、右肘を骨折してしまいました。関節であったことから治りも難しく、結果として右肘が真っ直ぐ伸びない身体となりました。肘を曲げるのは大丈夫なのですが、真っ直ぐ伸ばすのに30度ほど伸び切らず、それ以降も現在まで肘が伸びることはありませんでした。

学生の頃は、そのハンディキャップによって色々と苦戦したのを覚えています。片肘が伸びないため鉄棒や体操が上手くできず、部活のバレーボールでもレシーブの際に腕のバランスが取れずミスに繋がることが多々ありました。

また、見た目も左右対称にならないため、姿勢などのコンプレックスも感じました。自分は悪くないのに、この怪我のせいで苦労させられていると不満を感じたこともありました。

●怪我の功名

しかしながら、怪我は悪いことばかりではなく、自分の意識をグルりと180度変えることもありました。それは骨折からギプスの治療をしていた1か月間に、学校で友人が本当に色々と助けてくれたことです。

それまでの私はどちらかというと引っ込み思案で、他人に対して心を開くのが苦手な性格でした。それにもかかわらず、鞄を持ってくれたり、ノートを代筆してくれたり、食事や掃除などを助けてくれるうちに、他人に心を許すことを覚えました。人を信じるということも、怪我によって学ぶことができたように思います。それまで話したことのない友達とも話せるようになり、それ以降、肘は伸びなくとも、自分の意識は周りの人へ広く向いたように思います。

36歳になった最近では、伸びない肘との付き合いのほうが長いので、逆にこれが私の唯一無二の右肘であると納得もできています。

怪我によって色々と不自由も増えましたが、逆に心の中には自由を増やすことができました。今でも、肘が伸びないことで苦労することはありますが、それはもうコンプレックスではなく、むしろアドバンテージを持った個性として受け入れられているように思います。

そもそもコンプレックスとは、他と比較するから生じるものです。病や怪我による苦しみも、他人と比べて自分だけが背負わされているように思うと、そこに不幸が生じます。

病や怪我は受け入れていくしかない。

それに抗ったところで、もちろん治るものもありますが、それはあくまで結果論です。その過程で自分が苦しむかどうかに変わりはなく、苦しいときは苦しむ他ないのです。

●災難から逃れる方法

子どもたちと遊びを共にし、質素な生活を貫くことで安らかな一生を過ごした良寛《りょうかん》和尚。新潟の五合庵で生活し民衆からも親しまれた彼は、「良寛さん」の愛称でも知られます。

良寛さんは江戸時代の後期に活躍した禅の僧侶で、多くの詩歌も残しました。民衆にわかりやすい言葉で禅の教えを説き、子どもたちとの遊びの中からも、仏さまの安らぎの境地や幸せに生きる方法を身をもって体現された方です。

そんな良寛さんの言葉に、次のものがあります。

災難《さいなん》に遭《あ》う時節《じせつ》には災難に遭うがよく候
死ぬ時節には死ぬがよく候
是はこれ災難を逃《のが》るる妙法《みょうほう》にて候　（良寛『越後大地震後に知人へ宛てた見舞いの手紙』）

災難に遭うときは災難に遭い、死ぬときは死ぬ。これが災難から逃れる方法であると説きます。

これはもちろん、災難や病に遭うことがよいと言っているわけではありません。

そうではなく、そういったものは自分が選ばずともやってくるもので、自分の力でどうこうできるものではありません。

それにも関わらず、私たちは遭ったことに対して不平不満を言い、他と比較することで自分の不幸を嘆き、自ら苦しみへと陥ってしまいます。

注射の針はその一瞬が痛いだけなのに、注射をすると決まった途端にその恐怖を始めてしまうように、私たちは思慮分別や妄想することによって、自ら苦しみをつくり出してしまいます。

そうではなく、まずはその事実を現実としてありのままに受け入れて、そこから如何に生きるかを考えること。それが即ち仏教の工夫というものであり、それによって自らの力で、私たちは幸せを必ず見出すことができるのです。

●辛さを転じて心地よく

小学１年生の息子が、この冬から眼鏡を掛けるようになりました。

こんな小さい頃から目が悪くなって眼鏡を掛けなければならないなんて、親の私たちは何をしていたのかと責めたり、子どもが不憫で可哀そうに思っていた矢先に子どもが一言。

「眼鏡をかけると、クラスのみんなから博士って呼ばれるよ！」

と元気よく私に誇ってきました。

可哀そうで辛かろうと思っていたのは、他の子どもと比較していた私の勝手な妄想であり、彼自身ではそんなことは思わず、しっかりと眼鏡と共に生きていました。

改めて、病とともに生きるということを、子どもの心から教えていただいた瞬間でした。

シンガーソングライターのＡＩさんは『みんながみんな英雄』で次のように歌います。

向かい風でも　つむじ風でも
寝転んでしまえば　そよ風
（『みんながみんな英雄』作詞：篠原誠）

病とともに生きるというのは、私たちがこの世に生を受けた瞬間からの宿命でもありますが、だからこそ、厳しいときや辛いときは、思い切ってゴロンと寝転んでみる。

そうすればいつの日か、その風が自分にとって心地よいものになると私は信じています。

2　名僧もうつ病を患う

●仏像の表情に救われる

仏像に面と向かって掌を合わせると、どこか救われた気分になるのは私だけでしょうか。あの安らかな表情や凛々しい姿勢、そして手を差し伸べてくれている優しいお姿に、自ずと心が救われます。仏像は、どれも仏や菩薩と言われる悟りを得た存在に他なりません。

現代では仏像マニアの方もいるほど多くの種類の仏像が存在しますが、私はその中でもやはりお釈迦さまの仏像が大好きです。装飾品を殆ど持たず、生身に衣一枚を羽織るのみの飾らない姿に魅力を感じます。

同時に、お釈迦さまの優しい表情に、私たちも常にこのような微笑みと共に生きていたいという希望も与えてくれるように思います。

●お釈迦さまの生涯

そんな仏教の創始者であるお釈迦さまは、約２５００年前にインドで実在した1人の人間です。仏教の原点であるお釈迦さまは、偉大で崇高な存在に見えますが、実は私たちと同じように血肉の通った、病やストレスにも非常に苦しんだ同じ人間なのです。

あの仏像で微笑むお釈迦さまは、決して人智を超えた存在ではなく、私たちと全く変わらない生身の人間であるというところに、仏教の救いも感じます。

彼はインドのある国の王子として生まれますが、王宮の生活では永遠の安らぎを得られないことに悩み苦しみます。現代で言う「うつ病」も患ってしまうわけですが、神経質な性格で、王子という身分でありながらも周囲の人々の悩みや苦しみに寄り添える優しい性格であったことが推察できます。

そんなお釈迦さまが29歳の時に、四門出遊《しもんしゅつゆう》という彼の人生を変える出来事が起こります。

東門、南門、西門からそれぞれ老、病、死に苦しむ人を目の当たりにし、この世は苦しみに満ちていることに気づきます。そして最後に北門で出家者を見て、その姿に惹かれて自らも出家を決心します。

当時、お釈迦さまには妻や子もいたことからも、並々ならぬ覚悟を感じます。そして6年間の修行を経て35歳で悟りを開き、そこから80歳で亡くなるまで布教の旅を続けました。

お釈迦さまの死因は諸説ありますが、最後はお腹を壊して亡くなってしまったと言われています。

●お釈迦さまだって苦しんだ！

私は、このようにお釈迦さまも思い悩み、最後は腹痛で絶命した生涯にとても心惹かれます。仏教の創始者で悟りを開き、仏像として崇められる完璧な存在と言われると、どこか特別で自分とは縁遠いものに思えてしまいます。

しかしながら、お釈迦さまも同じ生身の人間で、色々と思い悩み、腹痛で苦しんだと知ると、自ずと親近感も沸いて、自分にもできそうだからその教えを信じてみようと思えるわけです。

さらにお釈迦さまは修行中に、断食や断眠という厳しい苦行をしましたが、あまりの辛さに途中で脱落してしまいます。周囲の修行者からは落第者のレッテルを貼られるのですが、彼はその脱落によって、苦しみと安らぎのどちらにも偏り過ぎない中道《ちゅうどう》の道を発見し悟りを得ます。

私も修行中や仕事では、続けるのが苦しくて逃げ出してしまいたくなるときが沢山あります。けれどもそんなときに、あのお釈迦さまでも悩み逃げ出したこともあるのだから、自分もそんなに思い詰めなくても大丈夫と思うと、少し救われてもう少し頑張ろうと思える気がするのです。

●休んだって構わない

頓智やアニメで有名な一休さんの名フレーズ。

「あわてない、あわてない。ひと休み、ひと休み」

慌てなくてもいいのです。休んでしまってもいいのです。

そう思って、辛い自分や苦しい自分を受け入れていくと、それが自ずと私たちの心を安らかにしてくれるように思います。

「正しい」の「正」の字は、「一」に「止まる」と書きます。

要するに、「正しい」というのは「一旦止まる」ということ。一旦ゆっくりと立ち止まることで、自分の足下もしっかりと確認することができて、焦りの気持ちも自ずと収まってきます。

急がば回れとも言いますが、忙しいときこそ一旦止まって冷静になることで、正しい判断ができるようになるのではないでしょうか。

●江戸時代の白隠さん

江戸時代にも禅を一般の人々にもわかりやすく説いた人物に、白隠《はくいん》禅師という僧侶がいます。

「静岡には過ぎたるものが2つあり、富士のお山に原の白隠」と、あの富士山とも比肩されるほどの人物で、水墨画などの禅画でも人気の高い人物です。

そんな白隠禅師は臨済宗の中興《ちゅうこう》の祖《そ》とされ、今の禅の僧侶の師匠を辿ると皆この白隠禅師に繋がります。一般の人からも親しまれたため、「白隠さん」の愛称でも親しまれているのですが、そんな白隠さんも修行の最中にうつ病に陥ります。

厳しい修行を続けて色々と迷った挙句に、体調を崩して寝込み、精神も病んでしまうほどの窮地に陥ります。

しかしながら、そこから坐禅や特殊な瞑想法を知り、それを実践することで白隠さんは見事に立ち直りました。『内観法《ないかんほう》』や『軟酥《なんそ》の法』として伝わるもので、詳細は省きますが、そんな偉大な白隠さんでも、やはり悩み苦しみ、病にも罹《かか》って生きていたのです。

●健康の由来

一説によると「健康」という言葉を生んだのも白隠さんであると言われており、それまでは同様の意味の言葉としては「養生」という言葉が使われていたそうです。

自身も思い悩み苦しんだからこそ、その真逆の意味である健康という言葉が生まれた因縁に、仏教のマイナスをプラスにグルりと変えてしまう特別な力を感ぜざるを得ません。

完璧な人など存在しません。

何でもできる人もこの世にはいません。

みんな何かしら苦しみ、悩み、そしてその病やストレスと共に生きております。それはお釈迦さまであれ、禅の名僧である白隠さんであれ、そしてあの一休さんでも同じなのです。

であるならば、自分が病に罹《かか》るのも当たり前のことであり、そこから如何に生きるかを考えるしかありません。

そんな諦めることの大切さも、仏教は教えているのです。

●僧侶の悩み相談

こんな逸話があります。

ある僧侶の所に、1人の悩みを抱えた人が相談に訪れました。彼は、色々と悩みを打ち明けるのですが、僧侶はただ頷いて聞いているだけでした。

長々と彼の悩みの話が終わった後に、僧侶はやっと口を開きます。

内容は、最近始めた山登りのことでした。山を登っていると色々な発見があり、歳を重ねても驚くようなことが沢山あるとのことでした。そんな山登りの話を永遠と面白可笑しく続けたそうです。するど、悩みを相談していた彼も、不思議とその僧侶の笑顔につられ、結局最後は一緒に笑いながら山登りの話を終えたそうであります。

別段、病名を聞いて何か薬を処方したわけでなく、治療する処置を行ったわけでもありませんが、これが仏教の考える病の対処法なのかと思いました。ずっと思い悩んでも仕様がないことを、自ずと悟らせてくれるのが仏教という治療薬であるように思います。

●仏教の投薬

薬を処方することを「投薬」とも言いますが、これも実は仏教に由来する言葉です。

お釈迦さまが臨終の際に腹痛で苦しんでいたときに、見かねた母親のマーヤー婦人が、天から薬を投げたという伝説に由来します。

残念ながらその薬は木にひっかかってしまい、お釈迦さまの手元には届かなかったのですが、そのエピソードも何だか少し微笑ましく、人間味を感じる心温まる逸話であります。

病をなくす薬ではなく、病を受け入れる薬。

それが仏教の提案する心安らかに生きるための投薬なのです。

3　ストレスの原因を紐解く

●謎解きの面白さ

テーマパーク等で地図を頼りに謎を解いてゴールを目指す「謎解きゲーム」。地下鉄や電車の路線図版もあり、それを解いていくと街の歴史や名所も発見できて結構面白いものです。

最近私も子どもと熱中するのですが、謎が解けたときの嬉しさや、新しい発見ができる喜びは、いつの時代もどの世代にも共通しているように思います。

未知なるものを解き明かす探究心は、自ずと人の心をワクワクさせてくれます。

●自分の内側に目を向ける

実は仏教を開いたお釈迦さまも、この世の真理を解明したり、人間の悩みや苦しみを解決したりと、色々と謎を解き明かした人物でした。

「解」という字に着目しますと、一般的に思い浮かぶのは「解釈」「解答」といった「かい」。要するに、自分の外の世界を解明するもので、数学的な1つの解のように、誰が見ても共通する普遍的で合理的な意味が思い浮かびます。

それに対して「解」を禅的に見ますと、「解脱《げだつ》」「見解《けんげ》」といった「げ」。こちらは、自分の内面を紐解いて、人の悩みや苦しみを解決するように、人によって各々違うもので経験的で非合理的な意味が思い浮かびます。即ち、仏教や禅の謎解きというのは、人間の外側ではなく内側の世界へ向けたもの。自分を見つめ直し、その心を解いていくことが仏の道なのです。

禅を世界にも広めた山田無文老師《やまだむもんろうし》は『臨済録』という語録の解説で次のように伝えます。

「肝心なものはお互いのこの一心である。主人公である仏性《ぶっしょう》である。この仏性が念にとらわれるから、そこに様々な苦しみ、悩みを生じ、煩悩や妄想、外界のものに束縛されて自由を失うのである」

（山田無文『臨済録』）

仏性とは仏の性質のことで、私たちには元来この仏の性質が必ず備わっていると説きます。けれども私たちは、念と呼ばれる自分勝手な物の見方によって、自分自身でこの仏性に紐を縛りつけるように苦しい状態にしてしまう。

これをストレスと言い、だからこそ、その「自分勝手な念＝ストレスの原因」の紐を解いていかねばならないのです。

●利他《りた》の遺伝子

遺伝子研究の第一人者である村上和雄先生の言葉に「利他の遺伝子」というものがあります。先生によると、人間の細胞にある遺伝子には、利己的なものの他に、自分以外の他の存在のために働く利他的な情報をもった遺伝子があるそうです。

そもそも細胞1個が生まれる確率は、1億円の宝くじが連続100万回当選する程の奇跡。その細胞が60兆個集まったのが人間だそうです。

計算方法は、成人体重1kg当たり1兆個。地球の人口は70億人を超えましたが、この身体にはその9000倍の60兆の細胞が寄り集まって生きており、その細胞たちは常に助け合って、見事に調和しているのです。その情報が遺伝子の中に存在し、利他的な遺伝子、即ち、助け合いの遺伝子情報が人のDNAには書かれていると言います。

私たちはDNAレベルで利他の精神を持っている。

これを仏教では「仏性」と言い、科学では「利他の遺伝子」と表すのであり、細胞が既に調和して生きているのであれば、私たち人間も調和して生きねばならないと感ぜざるを得ません。

●生かされているいのち

テレビ番組『ぶっちゃけ寺』に出始めた当初、私は本当に自分のことばかり考えていました。自分さえ目立てばいい、どうしたら自分のコメントを使ってもらえるのかなど、雑念だらけで自分中心に収録に臨んでいたわけです。

けれどもあるとき、番組の関係者からテレビ朝日の入社式に招かれ、その時に爆笑問題の太田光さんが新入社員に向けてこんなことを言っていました。

「テレビは物づくりの世界。インターネットやユーチューブなど、テレビに変わるメディアが台頭しているけど、テレビはディレクターやプロデューサー、カメラや音声や衣装や大道具のプロフェッショナルが協力して1つのものをつくり上げる。だから楽しく、日本人が養ってきたお互いが協力する精神から成る、かけがえのないモノづくりの現場なのだ」

太田さんは一見すると破天荒に見えますが、それもすべて番組のためでした。それに対して、自分は何と身勝手だったのかと痛感しました。

その後は、カットされてもトークが使われなくても、みんなで1つの作品をつくっていると思うと気が楽になりました。すると今度は収録も面白くなり、番組も楽しめるようになりました。

ストレスの原因を紐解いていくと、そこには「生かされている命」を発見できます。

自分は生きているのと同時に、色々な人に生かされている。

そんな生かされてきた自分の奇跡を自覚すること。

それに気づくことによって私たちは心豊かに生きることができます。ストレスの原因となる自分勝手な念から仏性を紐解いてあげると、仕事も日常も自ずと充実してくるように思います。

●今を生きる

村上和雄先生がダライ・ラマ法王と対談した際に、次のような経験をされたそうです。

法王は非常に科学に造詣が深く、科学者を尊敬しています。科学者と対話している最中に、ノーベル平和賞受賞の知らせが届きました。そのとき彼はちょっと出かけて、「私は今非常に大切な対話の最中ですから、これが終わったら記者会見します」と言ってすぐに帰って来ました。

私は彼に、「あなたは七十歳の誕生日が近いと言いましたけれど、あなたにとっていつが一番幸せでしたか？」と質問をしました。

そのときに彼は「ライトナウ」と答えました。

それを聞いた科学者は、皆、拍手をしました。ノーベル平和賞よりも科学者との対話の方が幸せだと言っているのだと理解して、拍手をしたわけです。

しかし、私はすぐに、この理解は甘いなと思いました。彼が言いたいのは、「いつでも今が幸せだ」ということなんですね。

彼は五十年もの間、中国から迫害を受けています。その中国に対して、彼は「我が先生です」と言っています。これはなかなかすごい言葉ですね。自分を迫害する人を師だというわけですから。

でも、それが彼の本音だと私は感じました。

（村上和雄『君のやる気スイッチをＯＮにする遺伝子の話』）

自分勝手な念から解かれ、生かされている命に気づいている人は、まさに今を生きています。それに対して、私の『ぶっちゃけ寺』は、全然ライトナウではありませんでした。

●苦しみの真只中も安らぎの世界

前述した山田無文老師の言葉は、次のように続きます。

「お互いの本性、仏性というのは何もないのである。〜中略〜　そうお互いの本体が分かるならば、どこへ行ってもそのまま解脱。苦しみの真只中が解脱。悲しみの真只中が解脱」

（山田無文『臨済録』）

解脱とは、悟りの境地、心安らかな世界のことです。

私たちは、苦しみや悲しみを避けてしまいがちですが、そうではなく、その真只中が安らぎであると説きます。苦しいときは苦しみ、悲しいときは悲しみ、迷うときはやはり迷う。けれどもそこに留まらず、それを受け入れていくことで、心安らかに生きることができるのです。

カットされようが、挫折しようが、それもまた人生です。

そこで妬んだり恨んだりするのでなく、それならどうするかを常に考えながら、今を歩んでいくしかありません。なぜなら、私たちはそもそも人の利他の精神によって生かされ、おかげさまに生きているのだから。

そんなことを思いながら、私もストレスの原因を紐解きつつ、ライトナウな人生を歩んでいけたらと思います。

4　マイナスがあるからプラスがある

●自然の摂理から学ぶ

冬が明け春の訪れを一番に知らせる梅の花。そんな梅の白やピンクに輝く花々に、毎年心を救われます。冬の寒さを辛いときに、春の温かさを嬉しいときに擬え、この花に夢や希望、強いては辛い日々から抜け出したときの幸福感を感じるのかもしれません。

ある学者の方が言うには、梅の木は一定の気温まで下がらないと花が咲かないそうです。要するに、春を彩る梅は、冬の厳しい寒さがあるからこそ綺麗な花を咲かせることができるのです。

美しさの裏には必ず辛さがあり、逆を言えば、辛さと共に美しさは成る。そんな自然の摂理から、私たちの人生観も学ぶことが多いように思います。

●梅に学ぶ禅の教え

実は梅は、禅の言葉にもよく引用されます。禅語と呼ばれる禅の言葉（教え）は、まさに仏教の仏さまの心、お悟りの境地、安らぎの世界を独特な言い回しで表します。

是《こ》れ一番《いちばん》寒骨《かんほね》に徹《てっ》せずんば、争《いか》でか梅花《ばいか》の鼻を撲《う》ちて香《かぐわ》しきを得《え》ん（中峰明本『中峰広録』）

これは、中国が元の時代に中峰明本《ちゅうほうみんぽん》という禅の僧侶が残した言葉です。「是れ一番寒ざ」は寒さの厳しい冬、「骨に徹する」とは骨に沁みるように心に強く感じることを表します。

これが全体を通して反語表現になることから、前半は「冬の厳しい寒さを心に強く感じなければ」となります。

続いて「梅花の鼻を撲ち」とは、梅の花の香が香ってくる様子を表します。この独特の言い回しは、鼻が香りを嗅ぐのではなく、香りが鼻を撃ってくるわけです。

「撃つ」という表現からも、いかに強烈に人の意識の外で梅花の方から私を訪れることがわかります。

それを踏まえて全体の意味を見ると、「冬の寒い苦しみを味わってこそ春の喜びは格別である。何事も最大の努力で挑みなさい。そうすれば、きっとその先には香しい花が咲くことでしょう」となります。

●マイナスがあるからプラスがある

梅が寒い冬を乗り越え、花をぱっと開かせる。蕗《ふき》の薹《とう》が重い雪の下から芽をひょっこりと出す。厳しい冬からの春の訪れは、まさに冬の辛さからの春の喜びです。

私たちは人生の厳しさを冬の寒さに擬えるからこそ、春の訪れを喜べるのかもしれません。

科学の世界でもプラスの磁場が生じた瞬間から、同時にマイナスの磁場は生じます。

これと同じように、私たちの人生においても、プラスとマイナスは表裏一体。プラスが生じればマイナスの危険も生じ、マイナスが生じればプラスの可能性も生じるのです。

だからこそ、そのプラスにもマイナスにも、それぞれに必ず意味があるのです。

●片耳の聞こえない同期

私の修行時代に、左耳の聞こえない同期がいました。

僧侶はお経を読むため、歌うのと同様に耳はとても大切で、お経は耳で覚えなさいとも言われます。修行道場では、お経の読み方や発音にも厳しく、徹底的に修正させられるため、彼は大変苦労していました。

さらに修行道場はお経を読むとき以外は、大きい声を出すことができません。修行僧同士が話すときは静かに話すので、彼はその内容が聞き取れません。そのため、体育会系の縦社会である修行生活で、彼は指示が聞こえず、動きが鈍いとよく怒られていました。

そして恥ずかしいことに、私たち同期も、あまり彼を助けませんでした。正確に言えば、助けられないぐらい自分のことで精一杯でした。

同期は連帯責任なので、1人のミスは同期全員のミスとなります。そのため彼は、どうしても足を引っ張ります。私も必死だったので、心の中で彼に不満を抱いていました。

●一所懸命に頑張る姿

ただそんな中、彼はただただ一所懸命で、真面目すぎる程の努力家でした。

彼が、ある日必死にトイレ掃除をしていたことは忘れられません。

ただでさえ疲労が溜まり、やることも多いので少しでも楽をしようと思ってしまう掃除の時間ですが、彼は懸命に便器を雑巾で磨いていました。

他の仕事のときもミスの多い彼ですが、汗だくとなりグレーの着物が黒くびしょ濡れになるぐらい掃除に没頭していました。

あるとき彼に聞いたことがあります。

「○○さん、どうしてそんなに真面目にやるの？」

すると彼はこう答えます。

「修行にきているからね」

何かよい結果を得るためではなく、ただひたすらにやるべきことを全うする。辛く苦しいことからも逃げず、誠心誠意向き合う彼の姿に、私は完全に足下を掬われました。修行に対する志は彼の方が断然立派で、彼自身はマイナスから決して逃げていませんでした。

●たとえ目的地は違ったとしても

しかしながら彼は、修行期間が一段落する8月に道場を去ってしまいました。左耳が聞こえず、慣れない生活で反対の耳を酷使したせいで、右耳も聞こえづらくなりドクターストップがかかってしまったのです。

けれども彼はその後治療に励み、回復後には違う修行道場を経て、無事に僧侶になる資格を得ました。さらに、彼はお寺の次男だったこともあり、介護の資格も取って、今は介護福祉の現場で働いています。介護の仕事も色々と苦労が絶えないと思いますが、あの修行道場での彼の姿を想像すれば、しっかりとその道を歩んでいることと察します。

そんな彼は数年前に結婚し、披露宴の彼の笑顔は、まさに梅の花の美しさでありました。

おそらくそこには、彼なりに得た格別な喜びもあったのかと思います。さらに、彼自身は気づいていないでしょうが、私が今でも彼を誇りに思っていることも、彼が得ているものの1つかと思います。

当初の目的とは違っても、今を存分に生きた先にある喜び。それはどんな辛い状況においても、その場を歩み続けることが大切であることを教えてくれます。いつか梅花の香りが、ふと鼻を撲ってくれるのですから。

●梅の香りは必ず訪れる

今の状況を味わい、今ある自分の力で一歩ずつ歩んでいく。

苦しみから逃げるのではなく、マイナスだからやめるのでなく、いつか訪れるプラスを信じて歩み続ける。

　辛さの裏には必ず楽しさがあり、だからこそ誰しもに美しい花の香りが訪れることを教えてくれるのが「是れ一番寒骨に徹せずんば、争でか梅花の鼻を撲ちて香しきを得ん」という梅の教えなのです。

　インターネットで調べれば、すぐに答えが出る時代となりました。

　即効性のある成果に慣れ過ぎた結果、辛い状況の先にある美しさを待てず、私たちは自ら春を逃しているのかもしれません。

　アインシュタインは「現代科学に欠けているものを埋め合わせてくれる宗教があるとすれば、それは仏教である」と遺し、ノーベル賞を受賞した物理学者の湯川秀樹は「仏教には多くを教えられた」と言いました。不遇の冬の中でも、やるべきことを続けた先に、必ず梅の春が自ずとやってくることを、彼らは経験から悟っていたことでしょう。

　今年は４年に１度のオリンピックイヤーです。

　その間に陰ながら努力を続けた選手たちの姿に、私たちは多くの感動を覚えます。結果はどうあれ全力でやり切った後の選手の言葉には、心を打たれると共に清々しさを感じます。マイナスとともに必ず現れるプラスの世界を、自ずと味わっていることでしょう。

　そんな彼らを見習いながら、私も是れ一番寒に骨を徹して、梅花が鼻を撲つことを得る日常でありたいと願います。

5　健康という当たり前の有難さ

●僧侶も血糖値に悩む

血糖値や中性脂肪、そして悪玉コレステロールに尿酸値など、血液検査をする度に、我々僧侶もれなく、これらの数値には悩まされています。

かく言う私も身長に対する適正体重は保っているつもりですが、血液検査の際は毎回ドキドキし、よくこれらの項目に引っ掛かります。

特に私の場合は、中性脂肪と悪玉コレステロールが常に高めで、血糖値も油断をしてつい大食いをしてしまうとすぐに上がり、担当の先生からは食生活の改善や運動不足をよく指摘されております。

●偏りすぎない中の道

修行時代は、食事の内容も精進料理で、規則正しい生活を徹底していたことから、自ずと風邪や病に悩まされることも少なく、非常に健康な生活を送れていました。

しかしながら、一度修行道場を出て、自分で生活を律するようになると、中々節制した生活を徹底することはできず、不健康な身体に悩まされます。

僧侶と言えどもやはり人間。もちろん修行が足りていないわけですが、自己を見つめることの大切さを、自身の健康状態を計る数値からも改めて学ばされます。

実は僧侶は甘い物をいただく機会が多く、例えばお仏壇の前でお経をあげた後には、温かいお茶と一緒に甘いお菓子をよく頂戴します。はたまた法事や葬儀の引物に和菓子は定番で、頂きものは有難く頂戴するため、どうしても甘い物を食べ過ぎてしまいます。

しかしながら、何事もほどほどが大切。仏教の「中道《ちゅうどう》」の教えにもあるとおり、食事も偏り過ぎない、行き過ぎないことが生きる智慧であります。

●２つに分けずに１つに見る

「中」というのは、２つのものの中間を表すのではなく、２つという相対的な考え方や、他と比べたり対立することを超越することを表します。

即ち、優劣や美醜という二元的な考え方を超えて、そのどちら側にも真実はないと見るのが「中」の見方です。

そしてお釈迦さまは修行の際に、断食による苦行主義でもなく、満たされ尽くした快楽主義でもなく、その両端に片寄らない道を悟り、１つひとつを丁寧に生きることを大切にしました。

これがまさにお釈迦さまの中の道であり、苦行や快楽といった対立する見方を超えた道であったわけです。

さらには、程を越した分は誰かに分け与えるという「程越し＝施し」の教えもあります。

自分だけが独占をするのではなく、程を越したのであればその分は誰かに与えてしまおうという発想の転換に、私たちの健康な身体づくりのヒントも隠れているように思います。

●僧侶が挑むパーソナルトレーニング

さて、特に夏の季節に自分の身体で気になるのが、やはりウエストラインです。実は私も2年程前に、昨今流行しているパーソナルトレーニングを行いました。

身体づくり専門のトレーナーの助言通りに食事管理を徹底し、週に一度の筋力トレーニングを実施。続けてみると効果覿面《こうかてきめん》で、体重も順調に減り続け、その変化に喜びを感じていました。目に見える数値の変化はわかりやすく、それが自ずと続けるモチベーションにも繋がりました。

そんな順調な道を歩んでいたある日、かかりつけの内科における血液検査で、肝臓に関する数値が異常にはね上がる事態が生じました。

別日に再検査を行うものでしたが、その再検査の結果が出るまでは、生きた心地がしなかったのを覚えております。肝臓の数値に関する情報を色々と自分で調べながらも右往左往し、不安な心から明日に絶望を感じる日々でした。

約1週間後の再診でしたが、結果的に再検査の数値は下がっており一安心しました。原因は、体重が減るのが嬉しいあまり、トレーニングメニューを自分で勝手に増やし、筋力負荷を掛け過ぎたことによる一時的な上昇でした。

私たち人間はどうしても、嬉しいことや楽しいこと、成果が上がることに対しては、我を忘れて熱中してしまい、いつの間にか「○○し過ぎ」の状態に陥ってしまいがちです。

しかしながら、そんな時こそ一呼吸が大切です。

一旦立ち止まって、自分の内面を見て、美味いと感じているときこそ、ほどほどを意識することが大切であると実感しました。

●すぐそばにある幸せに気づく

健康であるときは気づかないのに、ふと怪我をしたときや、病気を患ったときには、それまでの健康が如何に有難いものであったかに気づくことがあります。

前述したアンパンマンの作者であるやなせたかし氏は、戦争で親族を亡くされ、自身も辛い経験をされています。アンパンマンのテレビ放送が始まったのも60代後半の頃で、大変な苦労人であり、晩年は様々な病にも苦しみましたが、次の言葉を残しています。

「幸福とはなんだろう。幸福の正体はよくわからない。
お腹をすかせて一杯のラーメンがとてもおいしければ、それは本物の幸福だ。（中略）
健康でスタスタ歩いているときには気がつかないのに、病気になってみると、当たり前に歩けることが、どんなに幸福だったのかと気づく。
幸福は本当はすぐそばにあって、気づいてくれるのを待っているものなのだ
（やなせたかし『明日をひらく言葉』）

私も右手を骨折して、ギプスで自由を奪われたときには、箸を使ってご飯を食べられる右手、歯ブラシで歯を磨ける右手、お風呂で身体を洗える右手の有難さを痛感しました。

普段は当たり前に使えているものが使えなくなると、その有難さに自ずと人は気づけます。だからこそ、その当たり前が実は当たり前ではなくて有難いものであることを、日ごろから自覚しておくことで、私たちは目の前の幸福に気づくことができるのだと思います。

●健康であればそれでいい

妻が妊娠をして、お腹の中で赤ちゃんが育つうちは、とにかく健康に生まれてきてほしいことを願います。腕と脚が2本あって、指が5本あって、目と鼻と口があって、とにかく元気に生まれてきてくれればそれでいいと親は願います。

けれども、子どもが育ち、学校に行くようになり、周囲と比較されるようになると、もっと足が速くなってほしい、もっと頭がよくなってほしい、もっとピアノが上手く弾けるようになってほしいと、親のもっともっとが始まります。最初は健康だけを願っていたのに、色々な欲しいが出てき

てしまいます。

愛する我が子を亡くし、妻にも先立たれ、貧乏と隣り合わせの暮らしをしていた江戸時代の俳人小林一茶は、次の一句を残します。

はだかにて　生まれてきたに　何不足　（小林一茶）

私たちは素っ裸で何も持たずに生まれてきたのに、いつの間にかあれやこれやと欲してしまいます。

この身体1つがあること自体どれだけ有難いことであるのか。それを改めて私たちに教えてくれる一茶の教えであります。

我々僧侶は、お経を読む際は正座をしますが、実は正座をしていると体重の変化に敏感に気づけます。しびれる時間が早まったときは、大抵体重が増加しています。

そのため正座の痛みの出方によって、実は僧侶は体重管理ができるのですが、その何気ない正座にも健康に生きる仏の智慧が詰まっているように思います。

身体の病を治すのは病院で、心の病を治すのがお寺。

1つのことに偏り過ぎない心をもって、今あるこの健康な身体が奇跡であることに気づいていくことが、心の健康にも通じているのです。

6　心の保険

●禅は心の保険

大病や怪我を患《わずら》った際に、保険に入っていてよかったと思う瞬間があります。医療保険や損害保険など保険商品は沢山ありますが、いざというときに金銭等の手助けをしてくれる保険は、現代社会を生きる私たちには欠かせず、それによって安心も得ています。僧侶である私も、もれなく色々な保険にお世話になっています。

仏教や禅の教えも、保険と同様にいざというときに助けてくれるもの。禅は心の名を表すと言われますが、私たちの心が病んでしまったときに、その心を救い安心をもたらします。要するに、禅は心の保険。その教えを学び実践することが、有事の際の心の病に対する保険となるのです。

●自と他が一体となる境地

禅の言葉に「人境《にんきょう》倶奪《ぐだつ》」という教えがあります。

「人」は主観のことで自分を指し、「境」は客観のことで自分以外の他を指します。それらが倶《とも》に奪われることから、自分と他の境目を外します。

そうすると、自分と他の世界が1つになり、それぞれの区別が奪われます。これが即ち人境倶奪の状態で、これは同時に、自と他が一体となる境地であります。

●正岡子規に学ぶ

では、この人境倶奪の境地が私たちをどう救うのかを、正岡子規の生涯から学びます。

明治を生きた詩人正岡子規は、愛媛県に生まれて東京大学に入学しますが、2年で退学。新聞社の道を歩むのですが、22歳のときに喀血し結核を患います。

当時の結核は不治の病。次第に病状は悪化し、その結核菌は彼の脊髄を蝕《むしば》み、背中と腰に穴を開けてしまいます。

徐々に広がったその穴から膿を吐き出すために、彼は寝返りを打つことができず、咳をするごとに体中に痛みが響くほどでした。

子規は禅の教えも深く学んでいましたが、彼は寝たきりの病床の中で新聞に寄稿をします。それをまとめたのが『病床六尺《びょうしょうろくしゃく》』で、その中で彼は次のような言葉を残します。

「余は今まで禅宗のいはゆる悟りといふ事を誤解して居た。
悟りといふ事は、如何《いか》なる場合にも平気で死ぬる事かと思っていたのは間違いで、
悟りという事は、如何なる場合でも平気で生きている事であった」

（正岡子規『病床六尺』）

彼は病の苦しみに蝕まれる中で、平気で生きることを悟ります。

彼も初めは病の苦しみに抗い、自分と苦しみを別に分けていたと思います。

けれども禅を学び、人境倶奪となる境地を知ったとき、彼は自分を蝕む病の苦しみを少しずつ受け入れていき、一体となることができたではないかと思います。

そしてそこで、彼は平気で生きることを見出すのです。

病や苦しみに遭遇したときに、それに抗うのではなく受け入れる。そうすることで、私たちは常に平気に、心安らかに生きることができることを子規は教えてくれます。

●険しさとともに生きる

改めて、保険という字を見ると「険を保つ」と書きます。要するに「険しさを保つ」と読み取ることもできます。

では、私たちを救ってくれる保険が、なぜ険しさを保つのでしょうか。

それは即ち子規のように、険しい苦しみをむしろ保持していくこと。困難を自分の外に置くのではなく、受け入れて一体となることが、実は自分の心を救うことになるのを表しているのではないかと思います。さらに、子規は亡くなる2日前に、次の辞世の句を残しました。

糸瓜《へちま》咲いて　痰のつまりし　仏かな　（正岡子規）

糸瓜の水は、当時痰《たん》を切りやすくする薬でした。病床からその自分を生かす花を見ながら、自分を殺す痰がまた喉に詰まる。しかしそのとき彼は、自らが仏であると詠うのです。

彼の苦しみは長きに渡り、想像を絶する辛さだったでしょう。けれどもその悶え苦しむ中で、人境倶奪の境地となったとき、苦みを受け入れ、苦しみとともに生きることで自分の中に仏の心を見出します。

どんな困難に陥ろうとも、私たちは必ず仏さまの安らぎを見出せる。子規の生涯は、そのことを改めて私たちに信じさせてくれているように思います。苦しみを乗り越えて、平気で生きる力が誰しもあり、その教えを信じることが、即ち「心の保険」となるのです。

●人は誰しも仏に成れる

私の祖父は晩年に膝を痛め、歩くのも困難な状況でした。しかしながら祖父は、お寺の入口である山門から本堂までの参道を、朝晩往復するのを日課にしていました。リハビリも兼ねての運動でしたが、祖父は歩く度に膝が痛み、顔をしかめていました。

あるとき、ふと昼頃に山門を見ると、祖父が倒れて地面に寝転がっていました。驚いて駆け寄ると、歩いている間に倒れてしまい、起き上がれないから起こせと言います。大声も出せないため、転んだまま誰にも気づかれなかったと察しました。

危ないからもう辞めるように勧めましたが、案の定、次の日も歩いていました。

私は内心、痛みもあって危険な思いもするなら辞めればいいと思っていました。

しかしながら祖父はその後も数年歩き続け、ついに歩けなくなって施設に入るまで続けました。

お寺や神社には段差も多く、高齢な方々は苦労されて参拝に訪れます。脚や腰を気遣いながらも、一所懸命にお参りをする姿に、信じることで人は力強く生きられることの大切さを教わります。

おそらくそこには祖父と同様に、痛みや険しさを自分の外に置くのでなく、それを受け入れることで平穏に生きる道を一歩一歩と歩んでいるのでしょう。

●仏の心の保険

保険は、将来の不安に備えるものです。そして将来とは、今現在の積み重ねであり、即ち今をどう生きるかに集約されます。

苦難や困難は必ずどこかで訪れますが、であるからこそ、その険しさを突き放すのではなく、受け入れて保持していくこと。そうすることで、どんな苦難においても平気で生き抜く仏の心を、私たちは必ず見出すことができるのです。

もちろんそれは偉人だけではなく、誰しも平等にそうなれる。それを常に信じることが禅の心の保険。言いかえるならば、「仏の心の保険」なのです。

この保険には、加入条件や診断書は一切必要ありません。もしお困りの際は、この仏の心の保険を頼りに、お寺や禅に救いを求めていただけたらと思います。

第5章　日常にまつわる奇跡

1　自分のルーツを辿る旅

●生き方を見つめ直す

自分のツールを辿る旅。最近では自分探しの旅も含めて、自分のご先祖さまの足取りを辿る旅が流行しています。自分の両親はどんな場所で生まれたのか。自分の祖父母はどんな人たちだったのか。そして自分のご先祖さまのルーツはどこにあるのか。

それを知ることによって、改めて自分自身の生き方を見つめ直すことができるということで、私自身もとても素敵な旅であると感じています。

私たちのいのちは、父親と母親からの授かり物です。幾らお金や物を包まれてようとも、差し出すことのできないのがこのいのち。そしてそれを無償でいただいたのが、両親であり、祖父母であり、そして自分のご先祖さまに他なりません。そんな自分のいのちのルーツの有難さを改めて見つめること。仏教の原点は、やはりこれを大切にしています。

●死は目前にあるもの

昨年、公益財団法人仏教伝道協会主催で「輝け！　お寺の掲示板大賞」という賞レースがＳＮＳを中心にして行われました。発起人である江田智昭氏によって『お寺の掲示板』（新潮社）という書籍化もされました。

各々のお寺の掲示板には、仏教の教えを基にした心に刺さる言葉が掲載されており、ユニークな表現や面白い文章なども多々あることから話題となりました。私自身もその投稿から学ぶものが多々あり、そんな中でも岐阜県の願蓮寺の掲示板に書かれた言葉にドキッとさせられました。それが２０１８年度の大賞にも輝いた次の言葉。


「お前も死ぬぞ　(釈尊)」(岐阜県　願蓮寺)

釈尊とは仏教を開いたお釈迦さまのこと。お寺の掲示板にしてはだいぶ過激な表現ではありますが、その分ずばりと的を射たハッとさせられる言葉であります。

仏教に限らず、宗教には人の死というのは永遠のテーマです。

人はなぜ死に、そして死とはどういうものなのか。

それを考えることや、その恐怖を乗り越えることが宗教の原点でもあります。人の死は自然の摂理であり、仏教においても死に対しては決して抗うのではなく、それを受け入れていくことの重要性を説きます。

私自身も必ずいつかは死んでいくのだ。

だからこそ、このいのちが生きていることを当たり前だと思ってはいけない。

それに改めて気づかせてくれるのが、ご先祖さまへのお参りの大切な意味であります。

ご先祖さまがいたからこそ、私はこうして生まれてくることができ、今ここに立っている。さらには、その今ある自分のいのちも、祖父母やご先祖さまと同じように、いつかは必ず消滅するものであり、だからこそ今を精一杯大事にして生きなければならない。

それを改めて教えてくれるのが、ご先祖さまのお参りへ来た際に、「お前も死ぬぞ」というお寺の掲示板が教えてくれるメッセージであるように思います。

●僧侶のお墓参り

私は3年程前に、初めて中国へ研修旅行に訪れました。

仏教の教えはインドで起こり、中国を経て日本へ伝わったため、禅宗の僧侶はよく中国やインドへ研修に行きます。

僧侶は師匠と弟子の関係性から、脈々とその教えが受け継がれてきているので、中国へ昔の僧侶を訪ねる旅というのは、要するに僧侶としての自分のルーツを辿る旅ともなるわけであります。

そんな中で、禅宗の寺院や、所縁のある禅の僧侶が訪れた場所などを色々と廻りました。そしてその都度各場所において、それぞれの歴代の僧侶たちのお墓参りもさせていただきました。お墓の前では袈裟を掛けて、お経を読み上げて供養も行いました。

もちろん直接会ったこともありませんし、1000年以上も前に異国の地で生きていた全く血の繋がりもない人物へのお墓参りであります。

しかしながら、僧侶として自分自身が今しっかりとその責務を果たしているかどうか。悪いこと等をしていないかどうか。そういった叱咤激励を、全く面識がないにもかかわらず、お墓越しに厳しい目つきで受けているようなお墓参りでありました。

●ご先祖さまはお見通し

自分の心に嘘はつけないように、ご先祖さまの前では嘘はつけません。

お参りの際に、手を合わせるのと同時に目をつむれば、今は亡きご先祖さまの姿も、お世話になった人ほど自ずと浮かび上がってくるはずです。

そして自分自身の心も、すっかりと見透かされているように思います。

「先祖を敬うことは自身を戒めることである」

私も肝に銘じている言葉ですが、自分のルーツを辿ることで、自ずと自分の背筋も正されます。そして同時にそれは、今をどう生きるべきなのかの道標を、しっかりと示していただけるように思います。

今をどう生きるべきかを知るために、自分のルーツを辿ることには大きな意味があります。故きを温ねて新しきを知るが如く、自分のルーツを温ねることで、自らの新しい未来を知っていけたら、ご先祖さまも喜ぶことでしょう。

●1000年を超えて輝き続ける灯《ともしび》

テレビ朝日系列のお坊さんバラエティ番組『ぶっちゃけ寺』では、私も各回に出演させていただき、色々な場所へロケにも行かせていただきました。

そんな中で、山形県の立石寺にある「不滅《ふめつ》の法灯《ほうとう》」を取材したロケのことは、今でも鮮明に覚えています。

立石寺は天台宗のお寺になりますが、同じく天台宗の本山である比叡山延暦寺と共に、この立石寺には1200年もの間、輝き続ける不滅の法灯があります。

これはリスクヘッジの意味もあり、織田信長公が比叡山を焼き討ちしたときに延暦寺の法灯が消えてしまった際も、この立石寺の法灯によってその灯を復活させることができたそうです。

「油断大敵」という言葉もありますが、実はこの言葉の語源も、不滅の法灯の火を絶やさないために、油を断つことは大敵であるという教えに由来します。

そんな不滅の法灯を間近で取材できるということで、この立石寺へロケに行かせていただいたのですが、私自身ももちろん初めてその灯を拝見しました。

●生かされているいのち

台本で事前に情報は得ていたものの、改めてその不滅の法灯を目の前にすると、身体が硬直し、息をのんで、ただ佇んでいました。

1200年間ずっと絶やすことなく、闇を照らし輝き続けてきた永遠の灯。そして、それを護り続けてきた歴代の僧侶や世話人たち。

その何百何千という想いが、目の前の灯には詰まっている。そんなことを思うと自ずと掌を合わせ、ただただ祈るのみでありました。

自分のルーツよりももっと偉大な、人智を超えた大いなる存在によって生かされているいのちというものを教えていただいたように思います。

●おかげさまに生きる

自分のルーツを辿る旅。そこには、自分に直接関わってきた人のみならず、その奥に潜む偉大な存在があることに気づかされます。

それを仏教では「おかげさま＝御蔭様」と言い、目には見えない「かげ＝蔭」の前後に、「御」と「様」という敬意を表す言葉を添えています。

いのちのルーツを辿ることで、おかげさまに気づくことができます。新しいいのちが誕生し、そしてそのいのちが生きているということは、計り知れないいのちの灯が、その蔭で輝き続けているということなのです。

そして、そんないのちには限りがあるからこそ、しっかりと自身に戒めをもって、人生を歩んでいきたいものです。

2　無邪気な笑顔から学ぶもの

●純粋な心で笑う子ども

子どもは遊びの天才です。庭で枝葉や石ころを見つければ、それらでさえもすぐに遊びに変えてしまいます。最近では、おもちゃやゲームを欲しがるのも子どもの性ですが、別段特別なものを与えなくとも、子どもたちには自らの力でどうにかして遊ぶ方法を見つける能力が備わっているように思います。

そして、その遊ぶ姿を見ていると、大人の私たちもいつの間にか心がほころび、一緒に楽しい時間を共有しています。あの遊んでいるときの子どもたちの無邪気な笑顔に、癒される方も多いはずです。

子どもたちは本当に純粋な心で笑います。気を遣って笑っているわけでもなく、愛想よく取り繕うために笑っているわけでもなく、心の底から目一杯笑っているからこそ、その姿に私たちは自然と救われるのではないでしょうか。

●笑うことも大切な修行

実は仏教の教えにおいても、笑顔でニッコリと笑うことをおすすめしています。

相手に対して笑顔になるということは、前述した見返りを求めない施しである布施行の１つとされています。

見返りを求めてしまっては取引となり、それはビジネスの世界です。そうではなく、ただ無償に相手に分け与えることで、分け与えた人自身も幸せになれると仏教では説きます。

私たちはどうしても幸せを得ようと何かを求めてしまいがちですが、そうではなくて、逆に誰かに無償に与えることで、私たちは幸福を感じることができる。得よう得ようとするのではなくて、逆に相手に施すことで自分も幸せになれるというのが布施行の教えです。

その布施行の中には、金銭や物を分け与える以外にも様々な施しがあります。

①やさしい眼差しで接する施し
②にこやかな顔で接する施し
③やさしい言葉で接する施し
④自分の身体でできることを奉仕する施し
⑤人のために心を配る施し
⑥座席や場所を譲る施し
⑦自分の家を提供する施し

どれもお金や特別な物の必要のない、手ぶらで身近にできることばかりです。優しい眼差しで見つめたり、にこやかな笑顔で接するというのは、日常でもよく見る光景です。

優しい言葉をかけることや、困っている人がいたら助けるというのも、誰でも今この瞬間からできることです。

さらに、人の身体を心配したり、電車で年配の方や妊婦さんがいたら席を譲ったり、そして四国のお遍路さんでは、お接待の文化が既に根づいています。

それらも実は立派な布施行の1つであり、それを実践することで、自分自身が幸せになることができるというのが、見返りを求めない無償の施しの醍醐味であるのです。

●良寛さんの遊び

しかしながら、気をつけなければならないのは、これらを素直な心で行うということ。

子どもたちのあの純粋な笑顔のように、純真無垢な心で行うからこそ、施しは相手も自分も幸福にします。

子どもたちが笑顔となって自由自在に遊んでいる姿。そのような純粋に楽しむ心を、私たち大人はいつしか忘れてしまっているように思います。

新潟の五合庵で清貧な生活を務めた良寛和尚。前述したとおり江戸時代を生きた禅僧で、良寛さんの呼び名と共に、子どもたちともよく遊んでいたと言われています。

そんな良寛さんに、次の逸話があります。

ある日、良寛さんは子どもたちと一緒にかくれんぼを楽しんでいました。やがて日が暮れて、子どもたちは家に帰ってしまうのですが、良寛さんはそれに気づかず、そのままかくれんぼに熱中して遂に一夜を過ごしてしまいます。

翌朝、村人が隠れている良寛さんを見つけて不思議に思って声をかけると、良寛さんは子どもたちに見つかってしまうから静かにと真剣に答えたそうです。

●素直で純粋な心

良寛さんがここまで子どもたちと夢中になることができたのはどうしてか。それは、良寛和尚自身が、子どもと同じ純粋な心を持っていたからでしょう。

純粋な心で遊びに徹する子どもたちの姿は、仏教の悟りの境地にも近いものがあります。選り好みをするような分別の心では、なかなか真に喜ぶことができません。

そうではなくて、ただただその遊びを楽しんでしまうような無分別の心にこそ真の喜びがあり、そこに私たちは幸せを感じるのではないでしょうか。

遊びから心を動かされる瞬間にこそ、私たちが生きていることも改めて実感させられるように思います。

●キャンプで笑えない大人

先日、家族でオートキャンプ場へキャンプに訪れました。

最近はキャンプブームということで、キャンプ雑誌もよく目にしますが、シーズンになると本当に多くのキャンパーたちがキャンプ地に集まります。

私も昨年にキャンプデビューしたばかりの初心者なのですが、近くにできたキャンプ専門店にキャンプグッズを買いに行き、テントやテーブルなど一式を揃えた身でした。

キャンプ場に着くと、早速妻と2人でテントを組み立てますが、ふと周りを見ると他の人たちが組み立てているテントが気になります。

あのテントは最新の高級なよいもので羨ましい！

あの人はテントを立てるのが早くて、こっちはまだできなくて悔しい！

あのもう一回り広いテントにしておけばよかった……。

気がついたら私は心の中で、人のテントばかり気にしていました。人のテントを羨み、自分のテントと比較して、自分自身で色々と文句をつけていたわけです。

●子どもは笑顔の天才

それに対して我が子をふと見てみると、おそらく近くにいた他の家族の子どもと一緒に、大きな岩を船に見立てて楽しそうに遊んでいました。

「僕が運転するから、帆を立てて！」

「私は後ろを見ているから、前はよろしく！」

初対面の子ども同士にもかかわらず、すっかり仲間となって、その場を楽しんでいました。どちらが幸せかどうかは一目瞭然。すぐに他と比較してしまう大人たちと、無邪気に遊ぶ子どもたち。素直な気持ちで生きることの幸せを、子どもたちの笑顔から改めて教えてもらったキャンプ場でもありました。

●心を見つめる

仏教の創始者であるお釈迦さまも、遊びを大切にしたと言われています。

けれども、お釈迦さまの遊びというのは、実は坐禅です。

あの足腰が痛い坐禅が遊びとは、さすがお釈迦さまですが、遊びは本来の私たちの心のあり方を改めて思い出させてくれるよい機会でもあることを教えてくれます。

「忙しい」という字は、「心を亡くす」と書きます。

仕事や家事などで忙しい日々に追われていると、どうしてもあの子どもたちの無邪気な笑顔のような純真な心を忘れてしまいます。だからこそ、人生においても遊ぶ時間もしっかりと与えてくれているのかもしれません。

にこやかな無邪気な笑顔で接する。

私たちも必ず通ってきたはずの子どもの頃の笑顔を思い出して、改めて人生の遊びの時間も大切にしていきたいものです。

3　あなたのいのちをいただきます

●バイキングでの欲深さ

旅館やホテル等に多いバイキングやビュッフェ形式の食事。

私はこのスタイルで食べる際は、どうしても食べ過ぎてしまったり、あれやこれやと欲張って色々と取り過ぎてしまいます。

どれだけ食べても同じ値段なのだから沢山食べようとか、全種類を制覇しようとか、ご飯代の元をとらなければと躍起になってしまいます。

そんな折にふと隣の席を見ると、ワンプレートに自分の食べたい料理を綺麗に並べ、上品に食べている老夫婦が一組いました。

改めて自分自身の欲深さを知るとともに、一度の食事においても色々と自分都合で計らってしまう自身の心にハッとさせられます。

●「いただきます」のお経

仏教においても、食事というものはとても大切な修行の1つとされています。

仏教では食前に唱える「五観《ごかん》の偈《げ》」というお経もあり、これを読み上げた後に食事をいただきます。

一つには功《こう》の多少《たしょう》を計《はか》り彼《か》の来処《らいしょ》を量《はか》る。
二つには己《おのれ》が徳行《とくぎょう》の全闕《ぜんけつ》を付《と》って供《く》に応《おう》ず。
三つには心《しん》を防《ふせ》ぎ過貪等《とがとんとう》を離《はな》るるを宗《しゅう》とす。
四つには正《まさ》に良薬《りょうやく》を事《こと》とするは形枯《ぎょうこ》を療《りょう》ぜんが為《ため》なり。
五つには道業《どうぎょう》を成《じょう》ぜんが為《た》めに応《まさ》に此《こ》の食《じき》を受《う》くべし。

各々の意味は以下のとおりです。
一つには多くの人によってもたらされた食事に感謝し、
二つには自分の行いを反省して、
三つには好き嫌いといった貪欲さをなくし、
四つには心と身体の健康のために良い薬として
五つには己のやるべきことを達成するためにこの食事をいただきます。

即ち、「この食事に感謝し、自分の行いを反省し、好き嫌いをせず、この食事を薬と思って、自身のやるべきことを成すためにいただきます」という言葉を必ず食前に唱えるわけです。

静かに座り、手は合掌にして、お経とともに五観の偈を唱えると、自ずと心も落ち着いてきます。何かをしながらではなく、真に食事と向き合う時間を大切にしているのです。

●食事も大切な修行

禅の修行道場では、食事の時間も大切な修行の真っ最中となります。

食事中は坐禅のように足を組んで姿勢を正し、私語は一切禁止です。もちろん食べ残すことも言語道断で、お椀や箸の使い方から、料理を食べる順番などもすべて事細かに決まっており、その規則通りに食事をいただきます。

料理を食べ尽くしたら、空になったお椀にお湯を注ぎ、漬物でお椀をその場で洗って、その残り汁をすべて飲み干します。食べ終わったお椀も食前と同じように、綺麗に洗い終わった状態で食堂を後にするのです。

●行いを修める

仏教の修行は、「修業」ではなく「修行」と書きます。これは修行というのは「業《わざ》」を修得するのではなく、食事や掃除などの1つひとつの「行い」をしっかりと修めていくからであります。そして、それをしっかりと実践するために、食事の作法1つにおいても厳しく決められており、それを徹底して毎回同じように実践しているのです。

私も修行道場へ入門した当初は、この作法に慣れておらず、カタカタと音を立ててしまったり、汁をこぼして汚してしまったり等、本当に見苦しいものでした。

そんな中、先輩方が綺麗に食べて綺麗に片づける姿は本当に格好よく、そこには美しさもありました。背筋がピンと伸びて、歩き方もスッと綺麗で、そして様々な作法をサラッとこなす姿には、清らかな風が吹き通るような清々しさを感じました。あれこれと雑念のない凛とした姿や行動には、私たちの心も自ずと綺麗に調えられるように思います。

●いのちをいただく

日本の食文化にも、古来より美しい日本語が備わっています。

それが「いただきます」と「ごちそうさま」。幼少期や学校教育においても、この二言は本当に厳しく躾《しつ》けられました。

そしてこの言葉で重要なのは、この言葉の前には「あなたのいのちを」という文言が隠れているということです。

「いただきます」は「あなたのいのちをいただきます」であり、「ごちそうさま」は「あなたのいのちをごちそうさまでした」というのが本来の意味であるわけです。

●他のいのちのおかげさま

私たちは毎日必ず食事をとります。人間は食べていかなければ生きていけません。

では私たちは毎日毎食において何を食べているでしょうか？

それは即ち、他の生き物のいのちに他なりません。

ハンバーグしかり、カレーライスしかり、ラーメンや餃子にだって、動物のいのちが含まれています。

さらにはそれを植物にまで範囲を広げれば、サラダだって、お味噌汁だって、ご飯やパンですら、すべて他のいのちに変わりはありません。

そのいのちを毎日、毎食いただいて、私たちのこのいのちは成り立っているのです。

少し過激な言い方をすれば、私たちは他のいのちの死によって、自分のいのちの生を保っています。

そのことを考えると、この好き嫌いをせずにその食事に感謝し、自らの反省と共にやるべきことを達成するためにいただくという五観の偈を食前に唱える意味も、自ずと腹に落ちてくるように思います。

私たちは他のいのちの存在なくして、成り立つことができません。

このいのちのバトンリレーのことを、仏教では「おかげさま」と表現します。

「おかげさまに生きる」というのは、「他のいのちのおかげさまで生きることができている」ということを自覚することなのです。

●懐石料理の語源

昔の修行道場は本当に貧乏で食材がなく、温めた石を懐に忍ばせて空腹を凌いだと言います。

食べ物がお腹の中に入ると、内蔵が動いて腹部が温まります。それに擬えて、温かい石によって満腹感を感じることで、厳しい坐禅修行に耐えたわけです。

その故事が語源となって生まれたのが、現代でも人気の「懐石料理」です。

侘び寂びの世界観も垣間見える食材を一切無駄にしない精進料理の数々には、そんな厳しくも一所懸命に修行に励んだ修行僧たちの想いが含まれているのです。

好き嫌いや食材を選ぶどころか、石をも腹の足しにする先人たちの智慧に、改めて私たちの食事に対する心構えを教えていただけるように思います。

●食事はいただくもの

接客のときは接客に徹し、掃除をするときは掃除に徹し、そして食事のときは食事に徹する。

修行時代に厳しく教えられたことですが、ホテルのバイキング形式の食事の1つをとっても、選り好みや損得勘定からなかなか食事に徹しきれない私がいます。

美味しいものを美味しくいただく老夫婦から、改めて食べ方1つにも表れる心のあり方も学ばせていただきました。

食事は食うものではなく、いただくもの。

その気持ちを常に持ちながら、毎日の食事にしっかりと向き合って、日常を心豊かに生きていきたいものです。

4　今ここにある奇跡

●今を幸せに生きるには

何ものにも不自由のない満たされた世界。心配や不安もなく、いつでも幸せに生きられる環境。そんな世界のことを「極楽浄土《ごくらくじょうど》」と言うと私は思っていました。

地獄や極楽というのは仏教の説く世界でありますが、「西方《さいほう》極楽浄土」とも言うように、極楽の地は西の方角の遥か彼方にあるもの。そして、生きている間に到達するものではなく、いのちが尽きて死んでから行ける世界で、今生きている間には関係のない場所であると認識している方も多いように思います。

しかしながら、今この瞬間をどう生きるかを説く禅の教えでは、死後において極楽浄土へ行くことを説いてもあまり意味がありません。今生きている間に、幸せに生きるにはどうすればよいのかを、日常生活の中から発見していくのが禅の醍醐味であります。

●この世で最も有難いもの

今から約１３００年前の中国が唐の時代に活躍した百丈《ひゃくじょう》禅師は、「独坐大雄峰《どくざだいゆうほう》」という言葉を遺しました。

百丈禅師は修行道場の指導者である住職をしており、そこには多くの弟子たちがいました。そこで、ある1人の弟子が百丈禅師に尋ねます。

「如何《いか》なるか是《こ》れ奇特《きとく》の事《じ》」

その後に、百丈禅師が返した言葉が、「独坐大雄峰」でした。

「奇特」とは「有難いもの、貴いこと」の意味で、「大雄峰」は百丈禅師が住職をしていたお寺のある山を指します。

要するにこれは、弟子が「この世の中で最も有難いものは何か？」を尋ねて、百丈禅師が「独りでこの大雄峰にドッカと坐っておるぞ」と答えた問答であります。

強いては、この弟子はまさに禅の悟りの境地、この世界で最も有難い教えを師匠に尋ね、その回答が独坐大雄峰だったわけです。

●当たり前の有難さ

これは大雄峰が凄いとか、百丈禅師が坐っていることが偉いといった自分よがりの言葉ではありません。それとは逆で、この山で今こうやって坐禅していること自体がとても有難いことであるのに、それに気づかない弟子を問い正したわけです。

禅の修行僧であれば坐禅は第一です。そのため、坐禅を繰り返し行うことで悟りを目指します。

しかしながら、毎日坐禅を続けているとそれが当たり前のこととなってしまい、悟りも自分の外の世界のどこか遠くへと求めてしまいます。そうではなく、今ここで坐れることがどれ程有難く貴いことであるかを、弟子に親切丁寧にずばりと教えたわけです。

私たちも、当たり前のことの有難さをつい忘れてしまいます。いのちがあり、食事をいただくことができ、寝る場所があるという日常というのが、実はとてつもなく有難いものであるのに、毎日の生活に慣れてしまうことでその貴さを見失ってしまいます。目先の高価な物や名声にばかり捉われて、それらを追い求めるのではなく、1つひとつの目の前の有難さに改めて気づかせてくれるのが、この独坐大雄峰の言葉です。

今こうやって坐っている自分のいのちの尊さに気づかんのかと、百丈禅師の叱咤激励が今もなお私たちにまで聞こえてくるようです。

●雨の中の大雄峰

実は私は3年前に、この大雄峰へ初めて訪れました。禅は中国を経て日本に伝わったため、禅宗の僧侶は中国へよく研修に行きます。

そのとき私は、この独坐大雄峰を現地で体感できることをとても楽しみにしていました。どれほど雄大で綺麗な景色が見えるのだろうか。そんな爽快な清々しい大自然の下で悠々と坐ることができれば、私も悟りを開けるかもと期待していたわけです。

しかしながら、当日はあいにくの雨でした。山頂に着いたときも傘なしでは歩けないほど雨が降っていました。

私は内心がっかりしました。

飛行機を乗り継いで、バスで何時間も移動して遥々来たのに雨のせいで台無し。雄大な景色なんて全然見られないし、雰囲気を感じることすらできない状況に肩を落としていました。雨の中の参道で、下を向いて歩いていると、旅をともにした和尚さんが一言。

「百丈禅師もこの雨の中で坐っていたのかな」

何気なく発した言葉だと思いますが、私は私の間違いにハッと気づかされました。

たしかにそのとおりで、百丈禅師がいたときも雨の日は当然あったはずです。しかも弟子に尋ねられたときも、実は雨が降っていたかもしれません。先ほどの問答には、雄大な景色が美しいなんて一言もなく、ただこの山で坐っていることの貴さが書いてあるだけです。

要するに、私自身が思い描いていた青空の下で雄大な山々に囲われ、綺麗な景色の中で清々しく坐っている姿こそ勝手な思い込みでした。

雨が降り地面がぬかるみ、衣が濡れるような天気の中でも、百丈禅師は間違いなく坐っていたでしょうし、その雨の中の坐禅だってとても有難いと言っていたはずなのです。

●あるがままを見る

私たちは雨の日は嫌な日で、晴れの日は有難い日と思ってしまいがちです。晴れの日は天気がよく、雨の日は天気が悪いと言ったりもします。

しかしながら、雨の日が悪いと決めつけているのは、私たちの自分勝手な心です。天気自体には、雨だろうと晴れだろうとよし悪しの分別はなく、雨の日はただ雨が降り、晴れの日はただ晴れているだけです。

それなのに私たちは、自分都合のフィルターを通して物事を勝手に分別し、その自分勝手な心によって、自ら自分たちを迷わせ苦しめてしまうのです。

知識や経験を積み重ねると、私たちはどうしても自分勝手な偏った見方をしてしまいがちです。しかしながら禅はそれを否定し、あるがままをあるがままに見ることが、人の幸せに通じることを説きます。

この大雄峰でただ坐っていることが、何よりも有難いのである。雨であろうが晴であろうが、雄大な景色であろうがなかろうが、お金があろうが豪邸に住もうが、そんなことは関係ありません。それは目先の一時のことで、本質的な貴さではないのです。それに気づかせてくれる力が坐禅には必ずあります。

●自宅で見つけたもの

約1週間の中国研修から帰ってきたとき、自宅の玄関を開けたら、2人の我が子が「おかえり」と出迎えてくれました。子どもの純粋な笑顔に、旅行の疲れも吹き飛びました。

私は悟りの境地を求めてわざわざ中国の大雄峰へ向かったのですが、私を安心させてくれる雄大な景色は、今この自宅にありました。

いつも住んでいる我が家が、私にとっての何よりの奇特の場所であったわけです。

私は、いつもここにドッカと坐っていたではないか。それを改めて気づかせてもらった研修旅行でした。独坐大雄峰は「独坐泰丘家」であり、「独坐今ここ」でもあるのです。

そして今もなお、私たちは今この場所にドッカと坐っており、何よりも有難い瞬間を過ごしているはずなのです。

●今ここにある幸せ

そんな「独坐今この瞬間」を味わうことで、その貴さに改めて気づいていく。これこそ禅的な日常の生き方であり、それを繰り返し行うことで、永遠の安らぎが訪れます。

幸せを感じられる場所は、どこか遠くにあるのではなく、今この場所にあるのです。

自分勝手な分別心を取っ払い、今この瞬間の有難さに気づく心。その仏の心を育むことが、私たちが今を心安らかに生きることに繋がることを、百丈禅師は今もなお教えてくれているのです。

今ここにある環境は、決して当たり前のものではない。

その当たり前の奇跡に気づいたとき、私たちは、今ここにある幸せというものを味わうことができるのです。

5　禅に生きる

●心に安定をもたらす

「坐禅をすれば集中力が上がったり、幸せになれますか？」

よく問われる質問で非常に答えるのも難しいのですが、極論を言えば答えはノーです。一度の坐禅で集中力が上がったり、幸せになれたりすることができれば、禅宗の僧侶も何十年と修行を続ける必要もないでしょう。

しかしながら科学的にみると、坐禅をするとセロトニンという神経伝達物質が活性化されると言われています。

セロトニンは別名「幸福ホルモン」と呼ばれ、私たちの心に安定をもたらします。快感や意欲に関連するドーパミンや、怒りに関連するノルアドレナリンのバランスを調える役としても働きます。抗うつ作用もあり、うつ病に処方される薬には、セロトニンを活性化させる物質が含まれます。

このセロトニンは、一定のリズムを伴う反復運動によって活性化されます。

坐禅では深呼吸の繰返しがこれに当たり、例えばスポーツ選手がガムを噛んでプレーするのも、セロトニンの活性化から心を落ち着かせることでベストパフォーマンスに繋がるというものです。

イチロー選手や五郎丸選手に代表されるルーティーンもこれに通じます。

つまり、坐禅を行えばセロトニンの活性化から心に安定をもたらすわけですが、坐禅が終われば自ずと元に戻り、永遠に続くわけでもありません。そもそも坐禅は何か効果を求めて行うものでなく、坐禅を続けた先に自ずと気づくものがあるというのが坐禅の醍醐味です。

●１セットの仏

禅の言葉にも「一柱坐《いっしゅすわ》れば一柱《いっしゅ》の仏《ほとけ》」という教えがあります。

「柱」というのは、坐禅の際に使用する1本の線香が燃え尽きる時間のことです。禅の修行道場では時計がないため、坐禅の時間はお線香で計ります。お線香の香りも心を安らかにしてくれるのですが、お線香は修行生活の大事な尺度にもなっているのです。

そしてこの言葉は、その坐禅をしている間は皆誰しも仏さまであるいう教えです。要するに、1セットの坐禅をすれば、その1セットの間は仏であります。坐禅はまさに仏さまに成っている成仏の時間なのです。

●坐禅は自分を探す旅

坐禅の「坐」という字は「土」の上に「人」が2人います。

地面の上で坐禅をする人を表したのが坐の字から見られるのですが、大事なのは、この2人の人は別人ではないということで、これは同じ人間を表します。

私が私を探す旅。

現実の自分が、心の中にある本当の自分を見つけていくのが坐禅です。

例えば私たちは日常において、心の中で嫌なことを思っていても、顔には表さず笑わないといけない場面があります。現実では、外面と内面の不一致がどうしても起こり得ます。

そして、それがストレスの原因に繋がります。もちろんこれは社会で生きていく上では仕方のないことで、それ自体をなくすことは不可能でしょう。であるからこそ、私たちはその不一致を訂正することで、ストレスの解消を図ることができるわけです。

それが即ち、坐禅では自分が自分を見つめるということ。

そうすることで、自分の今の悩みや苦しみが明らかになり、自ずと現実の自分と本当の自分が一体となれます。

自分に嘘をつくことはできません。

だからこそ、坐禅によってその嘘をつかねばならなかった自分を救い、改めて私たちは心安らかに生きることができるのです。

●掃除は心を磨く修行

私は修行時代に、掃除を怠って叱られた経験があります。

私は掃除が苦手で、修行道場では各場所の担当が順番に回ってくるのですが、各々を毎日掃除しているので汚れも目立たないのをいいことに、私はよくサボっていました。

修行生活は朝が早く、日中も忙しいため休む時間が中々ありません。そのためその時間を利用して、目立たない場所で座ったり、寝転がって休んだりしていたわけです。

そんなサボりが続いたある日、案の定先輩に見つかります。寝ていたのが判明して、先輩の怒声が響きます。

しかしながら、その際は長々と怒られることはなく、さらっと言われた最後の一言に気づかされました。

「掃除は、何もその場所を磨いているのではない。お前のそういう心を磨いている」

掃除は、汚れに目を背ければ、どれだけでも見て見ぬふりをすることができます。明日やればいいと思えば、今日行う必要もなくなります。

けれども掃除は毎日行います。その理由はまさに自分の心を磨く修行であるからです。

心を洗うと書く「洗心《せんしん》」という言葉もありますが、怠け心や自分勝手な考え方を改めるために、私は掃除をさせていただいていたのです。

●日常にあるルーティーン

これは日常の家事にも当てはまります。

部屋や玄関の掃除から洗濯や食事をつくるのも、毎日繰り返しやってきて、そこにゴールはありません。

けれども、家事をこなす主婦（夫）の方々は、しっかりとそれを続けます。

私は寺社巡りのツアーに同行することもありますが、その参加者はシニアの女性が圧倒的に多く、通称「日本のおばちゃま」方で賑わいます。

おばちゃまは本当に元気で、バス内でもお話が絶えず、目的地でも色々巡り、さらにお土産コーナーでは活気よく買い物をします。

なぜ、おばちゃまはこんなに元気なのかと考えたとき、その理由に家事というルーティーンを持っているからではないかと感じました。

今のシニア世代は、家事は女性がやるものという意識が強かった時代で、それを懸命に続けてきた方々だと察します。日常生活でやらねばならないことがあるからこそ、休みのときには元気よく、自分のやりたいことが心から沸いて活気づくのだと思います。

●ルーティーンを大切にする

それに対して、仕事をリタイアされたおじさま方は、どことなく元気がなくなる姿もよく拝見します。仕事というルーティーンを持っていた人が、それが急になくなると、時間を持て余してボンヤリしてしまいます。

けれども、そこから何か趣味などを持ち始めると、また自ずと元気になっていきます。ルーティーンは別段スポーツ選手や何か特別なことに限らず、家事や育児、掃除に趣味と日常の中で誰しもが見つけることができる元気の源なのです。

そして、その日常のルーティーンを大切にしていくことが、禅に生きる姿となるのです。

●坐禅の効果は無限大

一柱坐れば一柱の仏であるわけですが、これを一柱の時間だけに留めるかどうかは、その坐り方次第です。

要するに坐禅中のみならず日常生活でも、いかにその禅の心を保てるかが大切です。

坐禅をすればセロトニンが活性化され、確かに心に安定をもたらします。

そしてそれは坐禅中のみならず、日常生活においても必ず訪れる。そう気づける練習を坐禅では定期的に行っており、それを日常に還元することで一柱の仏から常日頃の仏へと私たちは成仏することができるのです。

それを踏まえてみれば、坐禅をすることで集中力が上がり、幸せにも通じるというのはあながち間違いではありません。

坐禅の効果はまさに無限大で、奇跡の力を備えています。なぜなら、その坐禅の心を日常生活にも体現できれば、すぐその場所に幸せは訪れるのですから。

おわりに

拙著では、仏教や禅の教えをもとに、私たちが身近にある奇跡に気づくことで幸せに生きる方法を紹介して参りました。

長い人生においては、楽しい時間ばかりを過ごすことはできません。辛い選択を迫られるときや、苦しくてストレスを感じるときも必ず訪れます。

そんなときこそ、仏教や禅の教えを信じて、そこから自らの力で幸せに生きる道筋を発見していただけたら幸いです。坐禅会や写経会を行っているお寺も全国に沢山ありますので、ぜひ一度訪れていただけたらと思います。

「幸せ」という字は、「辛い」という字に「一」を足すことで成り立ちます。

私たちはどうしても辛い状況からは距離をとりたくなりますが、各テーマの中でも紹介したとおり、その辛さから逃げていては幸せを掴むことはできません。

辛いときというのは、幸せの一歩手前。だからこそ、その辛い状況に何かもう1つ、もう一歩だけ自分の足で前に進むことで、そのプラス1が必ず私たちを幸せに導いてくれるのです。

苦しみのピンチは、私たちが幸せに生きるチャンス！

そのヒントを、本書の各々の奇跡から感じていただければ幸いです。

幸せは遠くに探すものでなく、今ここにあることに気づくものだと信じて。

最後に、この本を出版するにあたりお世話になりましたセルバ出版の皆さま、イー・プランニングの須賀さま、木村さまに深く感謝申し上げます。誠にありがとうございました。

そして、ここまで読んでいただいた読者の皆様とのご縁に感謝し、さらには皆様が今この瞬間から幸せに生きられることを心よりお祈り申し上げ、結びに代えさせていただきます。感謝、合掌。

令和2年2月吉日

泰丘　良玄

著者略歴

泰丘　良玄（やすおか　りょうげん）

昭和 58 年（1983 年）生まれ。愛知県出身。
慶應義塾大学理工学部情報工学科卒業。
花園大学文学部国際禅学科卒業。
平成 19 年より愛知県の徳源寺専門道場にて禅修行。
現在、臨済宗妙心寺派泰岳寺の副住職。
臨済宗妙心寺派布教師。

お坊さんとして社会に何ができるのかについて常に考え、ブログなどを通して「仏教の教えやお坊さんの生活」を発信している。一般の方に向けた坐禅会や写経会なども行っている。
テレビ朝日系列「ぶっちゃけ寺」に出演し、フジテレビ系列「バイキング」やメ～テレ情報番組「アップ！」でコメンテーターも経験。ＦＭ東京、ＺＩＰ ＦＭ等のテレビ・ラジオ番組、雑誌等のメディアにも多数出演。

『理工学部卒のお坊さんが教えてくれた、こころが晴れる禅ことば』（学研プラス）
『お坊さんの修行に学ぶていねいな生き方、暮らし方』（学研プラス）
『人生はブレていい。正しい罪悪感のはぎとり方』（ワニブックス）

身の回りには奇跡がいっぱい！

一日一禅　禅に学ぶ幸せの見つけ方

2020 年 2 月 7 日 初版発行　　2023 年 8 月 31 日 第 2 刷発行

著　者　泰丘　良玄　　© Ryogen Yasuoka
発行人　森　　忠順
発行所　株式会社 セルバ出版
〒 113-0034
東京都文京区湯島 1 丁目 12 番 6 号 高関ビル 5 B
☎ 03（5812）1178　　FAX 03（5812）1188
https://seluba.co.jp/
発　売　株式会社 創英社／三省堂書店
〒 101-0051
東京都千代田区神田神保町 1 丁目 1 番地
☎ 03（3291）2295　　FAX 03（3292）7687

印刷・製本　株式会社丸井工文社

Printed in JAPAN
ISBN978-4-86367-553-7